Die sozialen Auswirkungen von Megaprojekten in Amman

Mazen Alazazmeh

Die sozialen Auswirkungen von Megaprojekten in Amman

Der Fall des Al-Abdali Stadterneuerungsprojekts

ScienciaScripts

Imprint

Any brand names and product names mentioned in this book are subject to trademark, brand or patent protection and are trademarks or registered trademarks of their respective holders. The use of brand names, product names, common names, trade names, product descriptions etc. even without a particular marking in this work is in no way to be construed to mean that such names may be regarded as unrestricted in respect of trademark and brand protection legislation and could thus be used by anyone.

Cover image: www.ingimage.com

This book is a translation from the original published under ISBN 978-3-659-85108-7.

Publisher:
Sciencia Scripts
is a trademark of
Dodo Books Indian Ocean Ltd. and OmniScriptum S.R.L publishing group

120 High Road, East Finchley, London, N2 9ED, United Kingdom
Str. Armeneasca 28/1, office 1, Chisinau MD-2012, Republic of Moldova, Europe

ISBN: 978-620-3-59200-9

Copyright © Mazen Alazazmeh
Copyright © 2024 Dodo Books Indian Ocean Ltd. and OmniScriptum S.R.L publishing group

Inhaltsübersicht

Danksagungen 2
Akronyme und Klarstellungen 3
Kapitel 1: Einleitung 4
Kapitel 2: Literaturübersicht 7
Kapitel 3: Forschungskontext 14
Kapitel 4: Forschungsmethodik 30
Kapitel 5: Forschungsanalyse und Ergebnisse 33
Kapitel 6: Schlussfolgerung 59
Literaturverzeichnis 67
Anhang 72

Danksagungen

Ich möchte mich bei meinen beiden Betreuern, Prof. Schonig und Dr. Schipper, für ihre wertvolle Anleitung und Unterstützung während dieser Arbeit bedanken.

Besonderer Dank geht an Prof. Yasser Rajjal, Arch. Laith Al-Adwan und allen, die freundlicherweise ihren Beitrag zu diesem Buch geleistet haben.

Ich bin dankbar für alle meine Freunde, die mich während meines Studiums unterstützt und motiviert haben.

Schließlich widme ich dieses Buch meiner Familie, die mich mein ganzes Leben lang unermüdlich unterstützt und ermutigt hat.

Ich danke Ihnen allen...

Akronyme und Klarstellungen

Al-	in Arabic, is a grammatical article that is translated in English to "the", thus the disuse of the English article in the presence of "Al", such as in front of "Al-Abdali"
Jabal	in Arabic, means "mountain" in English, and is sometimes used in the plural form "Jabals"
Downtown	also "Al-Madeinah district" and "Al-Balad", are all related terms used throughout the book to refer to Amman's historical city center
GAM	Greater Amman Municipality
AURP	Al-Abdali Urban Regeneration Project
AID / Abdali Psc.	Abdali Investment & Development Company
USD	United States Dollar
JOD	Jordanian Dinar. One JOD is in the range of 1.4 USD (2015).

Kapitel 1: Einleitung

1.1 Einführung in das Problem der Forschung

Nach der Geburt und dem "Erfolg" des Modells Dubai ist die Kapitalakkumulation das Hauptanliegen der Städte im gesamten Nahen Osten. Die Länder vermarkten ihre repräsentativen Städte, um internationale Investitionen anzuziehen, die zu Wirtschaftswachstum und Entwicklung führen sollen.

Die Region, in der die Immobilienentwicklung als neue "Religion" gepriesen wird (Daher, 2011), hat "arabische Megaprojekte", die in Bezug auf ihren Umfang, ihre Kosten und ihre Wirkung mega sind, als Haupttrend in der zeitgenössischen arabischen Stadtplanung eingeführt (Barthel, 2010), im Gegensatz zu dem sensibleren Ansatz in der Mitte des 20.

Die Städte des Nahen Ostens befinden sich in einem ständigen wirtschaftlichen, politischen und strukturellen Wandel. Die jüngsten Krisen in Ländern wie dem Irak, Syrien und dem Libanon haben das Image Jordaniens als sicherer Hafen für Unternehmen und Investitionen gestärkt. Um die Hauptstadt Amman weiter zu fördern, wurde ein liberalerer Ansatz in Bezug auf globale Investitionen gewählt, der die Stadt "als eine neue Stadt präsentiert, die den globalisierten Maßstäben von Geschwindigkeit, Effizienz und Konnektivität entspricht" (Parker, 2009: 110).

Obwohl die Investitionen vielfältig waren und sich nicht nur auf die Umgestaltung der städtischen Umwelt Ammans beschränkten, standen Großprojekte seit Beginn des 21. Jahrhunderts im Mittelpunkt der Petrodollarströme in die Stadt (Musa, 2013). Infolgedessen erlebte Amman im letzten Jahrzehnt einen Immobilienboom, der die räumliche Struktur der Stadt stark beeinflusste.

Christopher Parker (2009: 110) beschreibt Amman mit seinen zahlreichen wachsenden Entwicklungsprojekten als eine "Stadt der großen Löcher". Zwischen den Umwegen, die die Arbeiten an strategischen Punkten des Straßennetzes der Stadt erfordern, stößt man auf zahlreiche eingezäunte Bauzonen, die mit Werbetafeln geschmückt sind, die einen Blick auf die glitzernde Zukunft des Ortes ermöglichen."

Leider handelt es sich bei diesen "Löchern" nicht nur um räumliche oder visuelle Hindernisse, sondern auch um eine Reihe von Herausforderungen, wenn sie gebaut werden. Während zu viel Tinte auf die Prozesse und Folgen von Mega-Entwicklungen im Zusammenhang mit dem Globalen Norden verschwendet wurde, gibt es nur wenige Arbeiten zu Fällen im Nahen Osten. In zahlreichen Artikeln und Dissertationen wird die Notwendigkeit betont, die Auswirkungen der jüngsten urbanen Veränderungen in der bebauten Umwelt von Amman zu untersuchen und den Einfluss auf die lokalen Gemeinschaften zu würdigen (Daher, 2013; Musa, 2013; Summer, 2006).

Abbildung 1: Al-Abdali-Standort im Bau im Jahr 2007 (Abdali, 2012).

In Amman ist das größte und dominanteste "Loch", das bisher entstanden ist, das Al-Abdali Urban Regeneration Projekt, das eine Fläche von 384.000 m² im Herzen der Stadt umfasst und auf mehr als 5 Milliarden USD geschätzt wird. Das Projekt, das als Ammans feinstes zentrales Geschäfts-, Wohn- und Unterhaltungsviertel angepriesen wird, soll "die Stadt ins 21. Jahrhundert führen und sie auf eine Stufe mit den meisten renommierten Stadtzentren der Welt stellen" und damit "einen beispiellosen Zustrom von Investitionen aus Jordanien und der Region auslösen" (Abdali, 2012a).

Das als "New Downtown of Amman" angekündigte Projekt, das weniger als zwei Kilometer von der ursprünglichen Innenstadt entfernt liegt, wird erhebliche Auswirkungen auf die Stadtstruktur haben und das bestehende Gefüge in mehrfacher Hinsicht in Frage stellen. Das Projekt, das hauptsächlich aus hochwertigen Geschäfts- und Wohngebäuden besteht, kehrt dem ursprünglichen Stadtzentrum und seinen Nutzern den Rücken und erschwert die Integration in die Umgebung.

Anhand des Fallbeispiels AURP wird in dieser Arbeit die Hypothese untersucht, dass solche Megaprojekte dazu neigen, der Profitakkumulation Vorrang vor dem sozialen Wohlergehen einzuräumen und negative soziale Auswirkungen haben können, wenn sie in neoliberale Planungsstrukturen eingebettet sind. Dabei stützt sie sich auf einen Mixed-Methods-Ansatz, bestehend aus halbstrukturierten Interviews mit Projektvertretern und Experten, offiziellen Dokumenten und demografischen Daten.

1.2 Forschungsfragen und -ziele

Um zu analysieren, ob die genannte Hypothese auf den Fall Amman zutrifft, werden die folgenden Fragen als Rahmen für die Untersuchung dienen:

- Welche Interessen und Prozesse treiben die neoliberalen Megaprojekte in Amman an?
- Welche Auswirkungen haben solche Megaprojekte auf die soziale Struktur der Stadt? - Welche Herausforderungen ergeben sich aus solchen Entwicklungen für das bestehende Gefüge?

Am Beispiel von AURP, dem größten Immobilienentwicklungsprojekt in Amman, werden die direkten und indirekten Auswirkungen solch monumentaler Projekte auf die lokale Bevölkerung analysiert und das Verhältnis zwischen neoliberaler Planung und sozialer Wohlfahrt beleuchtet.

Ziel dieser Dissertation ist es, die Prozesse globaler Investitionen in Form von Megaprojekten zu Beginn des 21. Jahrhunderts in Amman zu verstehen und ihre Auswirkungen auf das umgebende Gefüge zu analysieren. Die Arbeit soll das Bewusstsein schärfen und als Studienmodell für künftige Projekte dienen, um derartige Folgen zu vermeiden, indem sie die Notwendigkeit hervorhebt, bei der Planung und Umsetzung standortsensiblere und sozial integrative Maßnahmen zu ergreifen.

1.3 Aufbau des Buches

Einschließlich dieses einleitenden Kapitels ist das Buch in sechs Kapitel unterteilt. Das zweite Kapitel ist die Literaturübersicht zu relevanten Themen wie Neoliberalismus und Gentrifizierung. Das Buch beginnt mit diesem Kapitel, um die Leser in einem frühen Stadium der Forschung mit den Konzepten vertraut zu machen.

In Kapitel drei wird der Kontext des AURP vorgestellt, beginnend mit einem kurzen geschichtlichen Überblick über die Entwicklung von Amman und einer Erläuterung seiner derzeitigen Struktur, gefolgt von einer Beschreibung der Wirtschaftsreform, in deren Rahmen das Projekt eingeführt wurde, und schließlich der Vorstellung des Projekts selbst. Das darauf folgende Kapitel beschreibt die für die Untersuchung angewandte Methodik, stellt die Interviewpartner vor und würdigt sie.

Im fünften Kapitel werden die Forschungsergebnisse erläutert und die direkten und indirekten sozialen Einflüsse der Fallstudie analysiert. Als Schlussfolgerung werden im letzten Kapitel die Ergebnisse in Bezug auf die Theorie und die aufgestellte Hypothese diskutiert, wobei die Notwendigkeit eines neuen Ansatzes für neoliberale Planung betont wird.

Kapitel 2: Literaturübersicht

2.1 Neoliberalismus

In den letzten zwei Jahrzehnten wurde der Begriff "Neoliberalismus" in Debatten über die politische, wirtschaftliche und bauliche Umwelt häufig verwendet und angewendet. Was bedeutet er also? Die Bezeichnung Neoliberalismus suggeriert eine neue und wiederbelebte Form der Freiheit im politischen Denken. Der Liberalismus ist zweifelsohne ein sehr vager und verzweigter Begriff. Es ist ziemlich schwierig, genau zu bestimmen, welche Ideologien und Überzeugungen die Liberalen gemeinsam hatten, denn es gab viele "Liberalismen" (Ryan, 1993). Ryan kategorisiert diese Ideologien jedoch in zwei Hauptgruppen, den "modernen" und den "klassischen" Liberalismus, wobei letzterer mit früheren Liberalen wie Adam Smith in Verbindung gebracht wird (ebd.). Thorsen und Lie versuchen, eine allumfassende Definition vorzuschlagen, indem sie den Liberalismus als "ein politisches Programm oder eine Ideologie, zu deren Zielen vor allem die Verbreitung, Vertiefung und Bewahrung der konstitutionellen Demokratie, der begrenzten Regierungsgewalt, der individuellen Freiheit und der grundlegenden Menschen- und Bürgerrechte gehören, die für eine menschenwürdige Existenz unerlässlich sind" (2006: 7), beschreiben.

Obwohl Thorsen und Lie (2006: 4) den "klassischen" Liberalismus ebenso wie den Neoliberalismus mit der Überzeugung in Verbindung bringen, "dass der Staat *minimal* sein sollte, was bedeutet, dass praktisch alles außer den Streitkräften, der Strafverfolgung und anderen 'nicht-klumpbaren Gütern' dem freien Handeln der Bürger und den Organisationen, die sie aus freien Stücken gründen und an denen sie sich beteiligen, überlassen werden sollte", argumentieren sie, dass der Neoliberalismus stattdessen als eine einzigartige Ideologie betrachtet werden sollte, die sich von den Gemeingütern des Liberalismus völlig unterscheidet und ihnen entgegensteht. Es steht jedoch außer Frage, dass der Neoliberalismus seine Wurzeln im "klassischen" Liberalismus hat.

Also noch einmal: Was ist Neoliberalismus? Eine der sorgfältigsten Definitionen, die bisher vorgelegt wurden, ist die von David Harvey in seinem Buch "Eine kurze Geschichte des Neoliberalismus". Harvey zufolge "ist der Neoliberalismus in erster Linie eine Theorie politischer Wirtschaftspraktiken, die vorschlägt, dass das menschliche Wohlergehen am besten durch die Befreiung individueller unternehmerischer Freiheiten und Fähigkeiten innerhalb eines institutionellen Rahmens gefördert werden kann, der durch starke private Eigentumsrechte, freie Märkte und freien Handel gekennzeichnet ist" (Harvey, 2005: 2). Die Rolle des Staates besteht somit in der Schaffung und Erhaltung aller für das ordnungsgemäße Funktionieren dieses institutionellen Rahmens erforderlichen Mittel mit minimalen Eingriffen (ebd.).

In diesem Sinne hat der Neoliberalismus nichts mit dem liberalen Gedankengut und den liberalen Werten des Mainstreams zu tun, er ist, wie Harvey betont, eher eine "Theorie der politischen Wirtschaftspraktiken" als eine "richtige" politische Ideologie (Thorsen und Lie, 2006). Saad-Filho und Johnston stellten im Jahr 2005 fest, dass "wir im Zeitalter des Neoliberalismus leben" (2005). Ein halbes Jahrzehnt später glaubt Harvey immer noch an die Vorherrschaft des Neoliberalismus und seine unveränderten Praktiken, wobei er behauptet, dass bestimmte Aspekte des Neoliberalismus sogar noch intensiviert wurden (Harvey, 2011).

Ungleichmäßige geografische Entwicklung

Harvey zufolge ist das Problem der "Veräußerung von Kapitalüberschüssen" eines der Hauptprobleme, mit denen unsere Volkswirtschaften seit den 1970er Jahren zu kämpfen haben. In einem stabilen und gesicherten Umfeld produzieren Kapitalisten von Natur aus Gewinne. Es stellt sich also die Frage, was mit diesem Überschuss geschehen soll. Damit ein Kapitalist in den hart umkämpften Märkten des Kapitalismus bestehen kann, muss zumindest ein Teil dieses Überschusses reinvestiert werden. Das Ergebnis ist eine fortwährende Reinvestition in einem expandierenden Bereich im Neoliberalismus, was wiederum die Überschussproduktion erhöht (Harvey, 2011; Harvey, 2012). Diese Konzentration von Reichtum und damit von Macht in der Oberschicht zwischen transnationalen Konzernen und Elitegruppen wird von vielen für die Umsetzung der politischen und wirtschaftlichen Ideologien des Neoliberalismus verantwortlich gemacht.

Vor dem Einsetzen des Neoliberalismus war der Staat der vorherrschende Akteur in der Planung und Entwicklung. Die Dominanz der neoliberalen Politik in der Stadtentwicklung hat die städtische Arena heute dem freien Markt überlassen und damit die Planungsverantwortung in die Hände von Bauträgern und Investoren verlagert, so dass die gebaute Umwelt eine entscheidende Rolle bei der Absorption von Kapitalüberschüssen spielen kann. Der Neoliberalismus, so könnte man schlussfolgern, "gestaltet heute unsere Welt neu" (Saad-Filho und Johnston, 2005), indem er durch "private" Planung eine ungleichmäßige geografische Entwicklung bewirkt.

In der bebauten Umwelt wurden zahlreiche sinnlose Projekte im Namen von Überschuss und Kapitalabsorption durchgeführt. Überflüssige Infrastrukturprojekte wie die längste Brücke der Welt in China (die 164.8 km lange Danyang-Kunshan Grand Bridge an der Hochgeschwindigkeitsstrecke Peking-Shanghai), nicht nachhaltige und rein ästhetische Urbanisierungsprojekte wie Dubais riesiger künstlicher Archipel Palm Jumeirah sowie ikonische Gebäude und Wolkenkratzer wie das Guggenheim-Museum in Bilbao und Fosters Gurke wurden zu Entwicklungsmodellen, um Städte als kreativ, wettbewerbsfähig, kosmopolitisch und global darzustellen und so weitere Investitionen und Kapital anzuziehen.

Harvey argumentiert, dass dieser nicht enden wollende Prozess der Veräußerung von überakkumuliertem Kapital in der Urbanisierung die traditionelle Stadt "getötet" hat, ohne sich um die Bedürfnisse der Stadt oder die produzierten Folgen zu kümmern (Harvey, 2012). Fast jede neoliberale Stadt hat einen Bauboom für die Oberschicht erlebt, aber "um den Preis aufkeimender Prozesse schöpferischer Zerstörung, die die Enteignung der städtischen Massen von jeglichem Recht auf die Stadt mit sich bringen", was zu einer kumulativen ungleichen geografischen Entwicklung führt (ebd.).

Die Einflüsse neoliberaler Praktiken beschränken sich nicht nur auf die bauliche Umwelt, auch die Qualitäten des städtischen Lebens werden als Opfer wahrgenommen. Die Dominanz des Kapitalismus, des Globalismus, des Tourismus und des Konsumismus in der politischen Ökonomie der Städte spiegelt sich in der Urbanität und dem Lebensstil der Einheimischen wider, indem die Menschenrechte ins Visier genommen werden, da sie der Hauptdiskurs und der Schwerpunkt der heutigen Gesellschaften in ihrem Streben nach einer besseren Welt sind. Man sieht also, dass erhebliche politische Anstrengungen unternommen werden, um die "Ideale der Menschenrechte" (Harvey, 2012) bereitzustellen, zu erhalten und zu fördern. Die Mehrheit der Ideologien und Strategien, die im Umlauf sind, sind jedoch individualistisch und auf Waren bezogen und stellen keine Bedrohung für liberale und neoliberale soziale, wirtschaftliche oder politische Muster dar, so dass der Konsumismus Urbanität und Menschenrechte neu definieren kann (ebd.). Die Globalisierung und die Massenmedien haben den Konsumismus noch weiter gestärkt und ihm ermöglicht, seine Reichweite und seinen Einfluss in Bezug auf Eigenschaften wie Schönheit und Lebensstil, Bedürfnisse und Anforderungen, Notwendigkeiten und Ziele auszuweiten, indem er sie zu seinen Gunsten anpasste und immer wieder auf die Gesellschaft des Spektakels zurückgriff, in der die Waren die Verbraucher beherrschen und die Verbraucher passive Objekte sind, die dem authentischen Spektakel folgen. Dieser Prozess ist in unserer heutigen Welt sehr offensichtlich, in der "die Rechte des Privateigentums und die Profitrate alle anderen Vorstellungen von Rechten übertrumpfen, die man sich vorstellen kann" (Harvey, 2012: 3).

2.2 Gentrifizierung

Auch wenn der Begriff "Gentrifizierung" modernen Ursprungs sein mag, sind die Beschreibungen dieser Prozesse bereits im 19. Jahrhundert entstanden und haben sich im Laufe der kapitalistischen Stadtgeschichte immer wieder wiederholt:

Das Wachstum der modernen Großstädte verleiht dem Boden in bestimmten Gebieten, insbesondere in den zentral gelegenen Gebieten , einen künstlich und kolossal steigenden Wert; die auf diesen Flächen errichteten Gebäude senken diesen Wert, anstatt ihn zu erhöhen, weil sie nicht mehr zu den veränderten Verhältnissen passen. Sie werden abgerissen und durch andere ersetzt. Dies geschieht vor allem bei zentral gelegenen Arbeiterhäusern, deren Mieten auch bei größter Überbelegung nie oder nur sehr langsam über ein bestimmtes Maximum steigen können. Sie werden abgerissen und an ihrer Stelle werden Läden, Lagerhäuser und öffentliche Gebäude errichtet. (Engels, 1872 in Harvey, 2012: 17)

Der Begriff selbst wurde erstmals in den 1960er Jahren von der Soziologin Ruth Glass eingeführt, um einen Trend zu beschreiben, der einige relativ zentrale Stadtteile Londons veränderte. Seitdem hat der Begriff große Aufmerksamkeit erlangt und stellt ein interessantes urbanes Phänomen für Wissenschaftler in vielen Unterdisziplinen der Stadtpolitikwissenschaft dar, was zu einem vielfältigen und internationalen Rahmen für die akademische Welt geführt hat. Der Prozess wird als ein politisches Thema betrachtet, das den Diskurs über die moderne städtische Umstrukturierung beherrscht und folglich die traditionellen Ideologien des städtischen Wohnens und der sozialen Struktur in Frage stellt (Chris Hamnett, 1991 in Lees et al., 2008)

Es wurde viel zu viel Mühe darauf verwendet, Gentrifizierung zu definieren und zu bestimmen, ob sie gut oder schlecht ist. Webster's Dictionary definiert Gentrifizierung als "den Prozess der Erneuerung und des Wiederaufbaus, der mit dem Zuzug von Menschen aus der Mittelschicht oder von Wohlhabenden in verfallende Gebiete einhergeht und häufig ärmere Bewohner verdrängt". Der Begriff setzt sich aus den Wörtern "gentry" (Leute von edler Geburt) und "flcation" (Produktion) zusammen. Es ist jedoch nicht einfach, ein Gebiet als absolut verfallend zu bezeichnen, da dies sehr subjektiv sein kann; was für die einen als Verfall empfunden wird, muss es für andere nicht sein. Darüber hinaus hat sich das Konzept in letzter Zeit erweitert und umfasst unter anderem Neubaugebiete, Gated Communities, Supergentrifizierung und kommerzielle Gentrifizierung, also Variationen, die nicht auf bebaute Gebiete beschränkt sind (es handelt sich also nicht immer um Erneuerung/Wiederaufbau). Diesem Argument folgend entspricht die Definition von Lees et al. (2008: xv) in einem der ersten Lehrbücher, die über Gentrifizierung veröffentlicht wurden, besser der heutigen Bedeutung des Begriffs, indem sie ihn als "die Umwandlung eines Arbeiter- oder Leerstandsgebiets in der Innenstadt in eine Wohn- und/oder Geschäftsnutzung der Mittelschicht" beschreibt. In dieser Definition bezieht sich das Adjektiv "zentral" nicht auf die geografische Lage des Gebiets, sondern auf seine geografische Bedeutung innerhalb der Stadt, da Lees et al. in demselben Buch argumentieren, dass Gentrifizierung nicht mehr auf die Innenstadtregion beschränkt ist. Dementsprechend wird die Definition umfassender, da sie auch die neuere Variante der "ländlichen Gentrifizierung" einschließt. Der Prozess wird auch als Transformation und nicht nur als Verdrängung beschrieben, da Gentrifizierung ihrer Ansicht nach auch mit sozioökonomischen und kulturellen Einflüssen einhergeht (ebd.).

Da die Wurzeln der Gentrifizierung in England und an der Ostküste der USA liegen, konzentrierte sich ihre Untersuchung jahrzehntelang auf die Länder und Städte des globalen Nordens. Zu Beginn des 21. Jahrhunderts vertrat der verstorbene Neil Smith die Ansicht, dass Gentrifizierung als "globale urbane Strategie" betrachtet werden könnte, und stellte fest, dass "der Impuls, der hinter der Gentrifizierung steht, jetzt verallgemeinert ist" und dass "ihr Vorkommen global ist" (2002: 427). Er hatte sogar Recherchen über Gentrifizierungsprozesse in der ganzen Welt eingeleitet. Dies hat Wissenschaftler dazu veranlasst, den Begriff global anzugehen und eine kosmopolitischere Sichtweise anzustreben, was zu einer Reihe von Zeitschriftenartikeln und erst kürzlich zu Büchern wie Porter und Shaws "Whose Urban Renaissance? An international comparison of urban regeneration strategies" aus dem Jahr 2009 und "Global Gentrifications, Uneven development and displacement" von Lees et al. aus dem Jahr 2015, die großartige Fallstudien aus Europa, Nord- und Südamerika, Asien, Südafrika, dem Nahen Osten und Australien enthalten.

Gentrifizierung entsteht durch einen raschen Anstieg der Immobilienwerte aufgrund der hohen und steigenden Nachfrage nach städtischen Gebieten (Marcuse, 1985). Lees et al. (2015) behaupten ebenso wie die meisten anderen Autoren dieses globalen Buches, dass die Existenz von Gentrifizierung von einer Reihe relevanter Bedingungen abhängt, wie z. B. Verdrängung in all ihren Formen, Klassenpolarisierung und die Zunahme von Investitionen in das, was Harvey als "sekundären Kreislauf" der bebauten Umwelt definiert.

Eine der bekanntesten Definitionen von Verdrängung ist die von Grier und Grier, die besagt, dass:

Eine Vertreibung liegt vor, wenn ein Haushalt gezwungen ist, seinen Wohnsitz aufgrund von Umständen zu verlassen, die die Wohnung oder ihre unmittelbare Umgebung betreffen und die: 1) außerhalb der zumutbaren Möglichkeiten des Haushalts liegen, diese zu kontrollieren oder zu verhindern; 2) eintreten, obwohl der Haushalt alle zuvor auferlegten Wohnbedingungen erfüllt hat; und 3) ein weiteres Bewohnen durch den Haushalt unmöglich, gefährlich oder unerschwinglich machen. (1978 in Marcuse, 1985: 205)

Marcuse (1985) übernahm diese Definition und entwickelte sie weiter, um vier Arten von Verdrängung zu konzeptualisieren: direkte Verdrängung des letzten Bewohners (Verdrängung physischer oder wirtschaftlicher Art), direkte Kettenverdrängung (diese Art von Verdrängung berücksichtigt Haushalte, die dem letzten Bewohner vorausgehen und früher Opfer des Gentrifizierungsprozesses waren), ausschließende Verdrängung (Beschränkungen des Zugangs zu gentrifizierten Räumen je nach sozialer Schicht) und Verdrängungsdruck (subjektive Kräfte, die Haushalte in der Umgebung zur Umsiedlung bewegen). Um diese Begriffe zu vereinfachen, wird die direkte Verdrängung von Haushalten niedriger sozialer Schichten in der Anfangsphase des Gentrifizierungsprozesses erlebt, während die indirekte Verdrängung (ausschließende Verdrängung und Verdrängungsdruck) von den Armen in gentrifizierenden Gebieten kontinuierlich erlebt wird.

Harvey betont die letztgenannte Bedingung der Gentrifizierung und die Macht ökonomischer Kräfte bei der Produktion der städtischen gebauten Umwelt im Namen anderer, nicht-ökonomischer Kräfte und erklärt, dass die Prozesse der Gentrifizierung "im Kern des städtischen Prozesses im Kapitalismus" liegen und dass die Folgen ein "Spiegelbild der Kapitalabsorption durch Stadtsanierung" sind (Harvey, 2012: 18). Im Gegensatz dazu argumentiert Van Weesep (1994: 80), dass die Symptome, Einflüsse und Ansätze der Gentrifizierung in erster Linie durch den lokalen Kontext geprägt werden, wodurch das "Warum" des Prozesses in Bezug auf sein "Wie" und die Geografie der Gentrifizierung (die Rolle des Staates und seiner Politik, die Macht und die Ziele der Gentrifizierer, die Mikrostrukturen des Gebiets, der Entwicklungsprozess usw.) abgewertet wird. Nichtsdestotrotz scheinen bestimmte Bedingungen, genau die von Lees et al. vorgeschlagenen, in globalen Kontexten aufzutreten und zu wiederholen.

Gentrifizierung im Namen von Regeneration, Revitalisierung, Renaissance, Erneuerung, Sanierung, Verjüngung, Umstrukturierung, Wiederaufschwung, Reurbanisierung und Resi- dentialisierung (Peck und Tickell, 2002), die durch aufeinanderfolgende Investitionszyklen hervorgerufen wird, scheint heute in den Städten üblich zu sein, was zu verschiedenen Herausforderungen und Problemen für die sozioökonomischen Strukturen führt. Der neoliberale Urbanismus ist mit einer Zunahme solcher Entwicklungsprojekte verbunden, die einzig und allein der Kapital- und Überschussabsorption und damit dem ständigen Nutzen der Großkapitalisten dienen. Wissenschaftler im Bereich der städtischen Politikwissenschaft haben diese Beziehung seit langem erkannt und kritisiert und argumentieren, dass Gentrifizierung nicht nur ein Nebenprodukt der neoliberalen Planung ist, sondern vielmehr ein wesentlicher Bestandteil davon, eine Strategie für Kapitalisten, um Kapitalisten zu bleiben (Smith, 2002; Lees et al., 2008; Harvey, 2012). Durch die Gentrifizierung beansprucht der Neoliberalismus indirekt die Mittelschicht innerstädtische Räume und Regionen auf Kosten der weniger mächtigen Arbeiterklasse und drängt sie an Orte mit erschwinglicheren Wohnmöglichkeiten, die typischerweise in den Außenbezirken und am Rande der Stadt liegen. Damit wird ihnen ihr "Recht auf Stadt" verweigert, falls es jemals eines gab. "Das tatsächlich existierende Recht auf die Stadt, so wie es sich jetzt konstituiert, ist viel zu eng gefasst und liegt in den meisten Fällen in den Händen einer kleinen politischen und wirtschaftlichen Elite, die in der Lage ist, die Stadt mehr und mehr nach ihren eigenen Bedürfnissen und den Wünschen der Künstler zu gestalten" (Harvey, 2012: 24).

Kapitel 3: Forschungskontext

Jordanien ist ein kleines Land im Nahen Osten, das an Syrien, Irak, Saudi-Arabien und Palästina grenzt. Das westliche Hochland Jordaniens beherbergt die wichtigsten Städte des Landes, die etwa 75 % der Gesamtbevölkerung ausmachen (Makhamreha & Almanasy- eha, 2011). Amman, die Hauptstadt Jordaniens, gilt als eine der am schnellsten wachsenden Städte der Welt. Eine Stadt, die in den 1920er Jahren als kleine landwirtschaftliche Siedlung mit etwas mehr als 2000 Einwohnern begann, ist heute eine bedeutende Metropole mit über 2 Millionen Einwohnern.

3.1 Kurze Geschichte: Die Entwicklung der Stadt

Amman mag zwar modernen Ursprungs sein, doch seine Wurzeln reichen bis in prähistorische Zeiten zurück. Im 13. Jahrhundert v. Chr., unter den Ammonitern, wurde die Region Rabat Amon genannt. Rabat Amon (auch bekannt als Rabbath Ammon) wurde dann von den Assyrern erobert, gefolgt von den Persern und später von den griechischen Makedoniern, die es in Philadelphia umbenannten. Nachdem die Stadt Teil des nabatäischen Königreichs war, kam sie unter den Römern zur Dekapolis. Während der ghassanischen Ära behielt sie schließlich den Namen Amman bei und erlebte ihre Blütezeit unter den Kalifaten der Umayyaden und Abbasiden. (GAM, 2009)

In der Zeit danach war Amman nur dünn besiedelt, bis im späten 19. Jahrhundert Tscherkessen, eine Gruppe hauptsächlich sunnitischer Muslime, nach ihrem Exodus aus ihrer Heimat im Nordkaukasus im Zuge der russischen Eroberung unter osmanischer Herrschaft allmählich in die Stadt strömten. Sie siedelten sich in der Gegend des heutigen Stadtzentrums um das historische römische Amphitheater an, wo der "Seil" (Fluss) verlief. Mit der Eröffnung der Hejaz-Eisenbahn im Jahr 1908 kamen weitere Einwohner aus der Region hinzu (Shami, 1996). Einen bedeutenden Aufschwung erlebte die Stadt in den 1920er Jahren, als sie die offizielle Hauptstadt des Emirats Transjordanien wurde, der Region des heutigen Jordaniens, bevor sie 1946 ihre Unabhängigkeit von den Briten erlangte.

In der Zeit zwischen den 1940er und den 1960er Jahren wuchs die Bevölkerung Ammans drastisch an. Hauptverantwortlich für diesen immensen demografischen Wandel waren regionale Kriege, insbesondere die arabisch-israelischen Konflikte. Die Folgen des ersten arabisch-israelischen Krieges im Jahr 1945 brachten mehr als 200.000 palästinensische Flüchtlinge nach Amman und in die Umgebung. Der Sechs-Tage-Krieg im Jahr 1967 führte zur direkten Umsiedlung von rund 180 000 palästinensischen Jordaniern aus dem Westjordanland (jordanisches Gebiet vor dem Krieg) in die Hauptstadt (UN, 2005).

Infolge des Krieges von 1967 war die jordanische Wirtschaft am Boden zerstört. Dennoch war das Land gezwungen, den anhaltenden Zustrom von Palästinensern zu unterstützen. Die Bereitstellung von Unterkünften wurde zur Priorität des Landes, was schnell geschah. Dementsprechend wirkten sich die Siedler "auf den Wohnungsbau aus, und dieser wiederum wirkte sich auch auf sie aus" (El-Ghul, 1999).

Die Wirtschaft des Landes begann sich nach der Ölkrise von 1973 mit der Rückkehr der wohlhabenden Auswanderer aus den umliegenden ölreichen Ländern zu erholen und florierte mit der Ankunft der wohlhabenden Libanesen, die während des Ausbruchs des Bürgerkriegs im Jahr 1975 aus dem Libanon flohen. Obwohl Tausende von Libanesen nach Amman zogen, blieben nur wenige in der Stadt (UN, 2005). Ihre - wenn auch nur kurze - Anwesenheit führte zu einem Wirtschaftsboom, der den Wohnungsmarkt beeinflusste, die Baustandards verbesserte und neue architektonische Formen einführte, die Amman mit dem internationalen Stil in Berührung brachten (El-Ghul, 1999). Dieser Boom zog wiederum viele Arbeitskräfte nicht nur aus anderen Teilen Jordaniens, sondern auch aus den Nachbarländern an.

Später, Anfang der 1990er Jahre, siedelten Hunderttausende Jordanier aus den Golfstaaten als Folge des Golfkriegs um, hauptsächlich nach Amman. Die Folgen des Golfkriegs beschränkten sich jedoch nicht nur auf den Zustrom von Jordaniern, auch zahlreiche irakische Staatsangehörige suchten in Jordanien nach einem besseren Lebensstandard und politischer Stabilität (UN, 2005). Mit dem Ausbruch des Irak-Kriegs 2003 setzte eine Welle irakischer Staatsangehöriger nach Jordanien ein. Im Jahr 2007 lebten schätzungsweise mehr als 400 000 Iraker in Jordanien (Norwegian Research Institute Fafo et al., 2007). Im Gegensatz zu den ehemaligen palästinensischen Flüchtlingen war ein Großteil der irakischen Staatsangehörigen, die nach Jordanien kamen, wohlhabend, und ähnlich wie die zurückgekehrten jordanischen Auswanderer förderten sie einen wohlhabenden Lebensstil und Konsummuster (UN, 2005).

Regionale Kriege und Instabilität beeinflussen Jordanien auch im 21. Jahrhundert durch die Konflikte des Arabischen Frühlings, insbesondere den andauernden syrischen Bürgerkrieg, der 2011 begann. Der Syrienkrieg hat erhebliche Auswirkungen auf die demografische Struktur von Amman, und die Zahl der Flüchtlinge wird höchstwahrscheinlich noch steigen. Vor der Krise lebten etwa 750.000 Syrer im Land. Seit Beginn des Konflikts kamen mehr als 600.000 syrische Flüchtlinge nach Jordanien, wodurch die syrische Bevölkerung auf rund 1,4 Millionen anstieg (Jordan Times, 2014; Ministerium für Planung und internationale Zusammenarbeit, 2014). Etwa 85 % der Nachkriegsflüchtlinge haben sich außerhalb von Lagern niedergelassen und üben Druck auf die bebaute Umwelt Jordaniens aus, vor allem auf Amman, Mafraq, Irbid und Al-Zarqa (Ministerium für Planung und internationale Zusammenarbeit, 2014). In Amman leben mehr als 790.000 Syrer, was mehr als 20 % der Gesamtbevölkerung der Stadt ausmacht (Jordan Times, 2014).

Die jüngsten Zahlen des jordanischen Statistikamtes stammen aus dem Jahr 2013 und beziffern die Bevölkerung Ammans auf 2 528 500 Menschen, was 38,7 Prozent der Gesamtbevölkerung entspricht (2013), wobei in dieser Zahl die syrischen Flüchtlinge nicht enthalten sind. Im April 2014 erklärte der Bürgermeister von Amman, Aqel Biltaji, dass die Bevölkerung der Hauptstadt auf rund vier Millionen Menschen angestiegen sei (Jordan Times, 2014).

Daraus lässt sich schließen, dass sich die Menschen aus drei Hauptgründen in Amman angesammelt haben: aus kulturellen, politischen und kriegerischen Gründen (El-Ghul, 1999). In der Zeit von Transjordanien bestand die Bevölkerung der Region hauptsächlich aus Stammesangehörigen. Einige dieser Stämme waren sesshaft, andere halb sesshaft, und wieder andere zogen als Nomaden um die Hauptstadt herum (Alon, 2007). Häufiges Reisen zwischen den beiden Seiten des Jordans war aus landwirtschaftlichen und sozialen Gründen sehr verbreitet.

Nach der Unabhängigkeit Jordaniens förderte die offizielle Staatspolitik die städtische Ansiedlung von Beduinen, den nomadischen Arabern der Wüste, die im geografischen Gebiet von Transjordanien lebten (El-Ghul, 1999). Auch die politische Entscheidung, Militäreinrichtungen in den Städten zu errichten, führte zu einer verstärkten Abwanderung von Soldatenfamilien in die Städte.

Was die Kriege betrifft, so gelten sie als Hauptgrund für das Wachstum der Stadt. Die unerwarteten politischen Ereignisse im Nahen Osten seit der zweiten Hälfte des 20. Jahrhunderts zwangen die Hauptstadt, eine große Anzahl von Migranten aus den umliegenden Ländern aufzunehmen. Infolgedessen war eine kontinuierliche Stadtplanung fast unmöglich. Die Stadt war gezwungen, sich an die plötzlichen demografischen Veränderungen anzupassen, was zu einer phänomenalen Ausweitung der städtischen Bebauung führte. Ammans politische Stabilität, Sicherheit und Nähe ziehen weiterhin Flüchtlinge an und machen die Stadt zu einer "Stadt der Flüchtlinge" (El-Ghul, 1999).

3.2 Segregation in Amman

Die Wohnviertel des heutigen Amman sind durch die soziale Spaltung gekennzeichnet, die sich aus der Geschichte der schnellen Expansion der Stadt ergab. Dies lässt sich auf das frühe Wachstum von Jabal Amman als eines der wohlhabendsten Viertel der Stadt westlich von Al-Balad und die Entstehung der offiziellen palästinensischen Flüchtlingslager der Vereinten Nationen in der östlichen Innenstadt zurückführen. Dieser Trend setzte sich fort, als sich die Stadt entwickelte und die Gebiete weiter auseinanderzogen. Das Ergebnis war eine Hauptstadt mit einer relativ einkommensstarken Bevölkerung und einer geringen Bevölkerungsdichte von 2 500 bis 6 000 Einwohnern/km² im Westen und einem Kontrast aus ärmeren Bevölkerungsgruppen mit einer Bevölkerungsdichte von 14 000 bis 30 000 Einwohnern/km2 im Osten (Potter et al., 2009).

Auch die heutigen Stadtführer sind sich dieser sozialen Segregation bewusst, die den urbanen Raum der Stadt zu spalten scheint: "Die Bewohner sprechen offen von zwei Ammans, obwohl es in Wahrheit viele gibt. Im östlichen Amman (zu dem auch das Stadtzentrum gehört) leben die armen Städter: Es ist konservativ, eher islamisch geprägt und hat große palästinensische Flüchtlingslager am Rande. Das westliche Amman ist eine Welt für sich, mit grünen Wohnvierteln, trendigen Cafés und Bars, beeindruckenden Kunstgalerien und jungen Männern und Frauen, die offen Arm in Arm spazieren gehen" (Ham & Greenway, 2003:98).

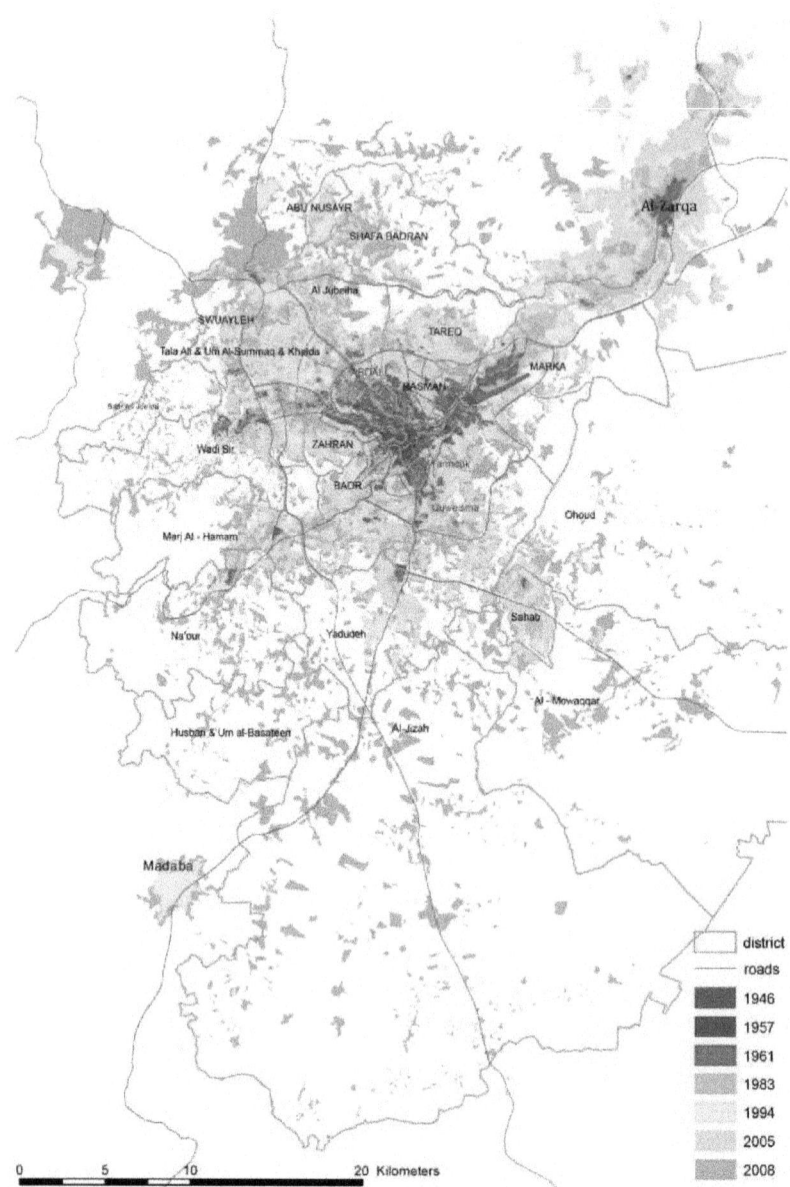

Abbildung 2: Das städtische Wachstum der beiden bevölkerungsreichsten Städte Jordaniens, Amman und Al-Zarqa (Nordosten der Karte), zwischen 1946 und 2008 (Ababsa, 2013; Bearbeitung durch den Autor, 2015).

Bei der Planung teilt die Stadtverwaltung von Groß-Amman Wohngrundstücke in vier Kategorien ein. Die Kategorien von sind mit alphabetischen Bezeichnungen von A bis D versehen und unterscheiden sich durch Merkmale wie die Mindestgröße des Grundstücks, den maximal zulässigen Prozentsatz des zu bebauenden Grundstücks und die Grundstücksgrenze. Die von Potter et al. und Myriam Ababsa durchgeführten Studien zeigen die demografische Struktur von Amman auf, die dazu beiträgt, die soziale Segregation innerhalb der Stadt zu erkennen.

Die Wohnkategorien können in zwei Hauptgruppen mit ungefähren Merkmalen unterteilt werden. Die Kategorien A und B haben eine Grundstücksfläche von mindestens 750 m^2 (Kategorie A mit mindestens 900 m2, während die Kategorie B zwischen 750 und 900 m2 liegt). Die bebaute Fläche sollte in beiden Fällen weniger als 50 % betragen, um respektable Grenzen und Grünflächen zu schaffen. Die Kategorien C und D betreffen dagegen Grundstücke mit einer Fläche von weniger als 500 m2 (Grundstücke der Kategorie C liegen bei etwa 400 m2 und Kategorie D bei bis zu 200 m2). Die Wohngebäude der jeweiligen Kategorien nehmen mehr als 50 % des Grundstücks ein (zulässige 51 % für die Kategorie C und 55 % für die Kategorie D) und beziehen sich dementsprechend auf dichter bebaute Gebiete der Stadt.

Die Kategorien A und B sind fast ausschließlich westlich des Stadtzentrums konzentriert, mit einigen wenigen Clustern im Norden und Süden. Das Wachstum dieser Gebäudetypen kann mit der Rückkehr der Auswanderer aus der oberen Mittelschicht und der ständigen Ankunft wohlhabender Einwanderer in Verbindung gebracht werden. Die Bebauung des Westens war eine der wenigen Möglichkeiten für diese Gesellschaftsschicht, da das sehr dichte und hügelige Stadtzentrum den Bau von großzügigen Wohnungen fast unmöglich machte. Außerdem war der tektonische Zustand der bestehenden Gebäude schlecht und unattraktiv. Dies machte die Idee, außerhalb des Stadtzentrums zu investieren und sich auszubreiten, für die finanziell Begabten viel erstrebenswerter. Die westliche Region wurde unter anderem aufgrund ihrer hohen Topographie und ihrer historischen Einordnung als wohlhabender Sektor der Stadt hervorgehoben. Dies wiederum setzte das nordwestliche Wachstumsmuster fort.

Die Kategorie D findet sich vor allem im Stadtzentrum, im Tal und seiner Umgebung sowie in den beiden sehr dicht besiedelten palästinensischen Flüchtlingslagern. Die Gebäude der Kategorie C schließlich scheinen sich aus der ersten Kategorie zu entwickeln, wobei sie sich im Osten konzentrieren. Die Ausbreitung dieser beiden Gebäudetypen hängt vor allem mit der Ankunft der vielen benachteiligten palästinensischen Flüchtlinge in der zweiten Hälfte des 20. Jahrhunderts zusammen. Amman war zu dieser Zeit nicht in der Lage, diesen plötzlichen drastischen Bevölkerungsanstieg zu bewältigen. Die Folge war der Bau von Notlagern und angrenzenden informellen Siedlungen, die auf die vom Hilfswerk der Vereinten Nationen ( ) bereitgestellten Dienste ausgerichtet waren. Die beiden offiziellen Flüchtlingslager im Zentrum von Amman befinden sich in der Nähe des Stadtzentrums. Das Lager Al-Hussein befindet sich in Jabal Al-Hussein, einem der östlichen Jabals der Stadt, gegenüber dem weiter entwickelten Jabal Amman. Das Lager Al-Wehdat befindet sich im Südosten der Stadt, im Bezirk Al-Qwaismeh.

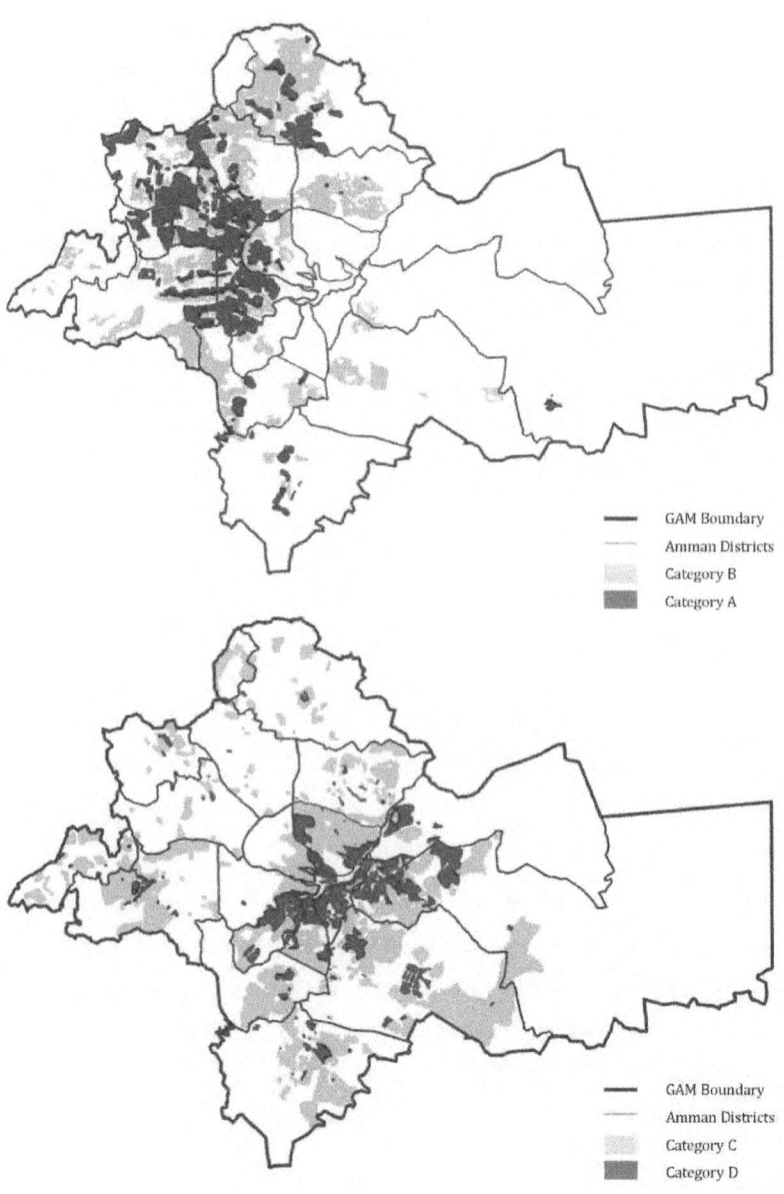

Abbildung 3: Kategorisierung von Wohnbauland in Amman vor der Erweiterung der Stadtgrenze im Jahr 2007 (Autor, 2015; basierend auf Potter et al., 2009).

Gebäudetypologien sind stark mit sozioökonomischen Faktoren verbunden. Schicke und geräumige Wohnungen stehen für eine besser gestellte soziale Gruppe, die sich einen solchen Typus leisten kann, während unzureichende und unterdimensionierte Gebäude eine untere Schicht darstellen. Daher hilft die Analyse der Wohnkategorien und ihrer jeweiligen Strukturen dabei, die physische Segregation der sozialen Schichten in Amman zu erkennen. Die Stadt lässt sich in zwei Hauptregionen unterteilen, den Westen, in dem die gehobene Gesellschaftsschicht wohnt, und den Osten, in dem die ärmeren Schichten leben. Dies wird auch in den Karten der Studie von Myriam Ababsa deutlich, die die städtische Morphologie von Amman darstellen. Dar-Häuser (traditionelle ein- oder zweistöckige Häuser) findet man vor allem im Osten, während im Westen Villen zu dominieren scheinen.

Die Segregation spiegelt also den urbanen Charakter der Stadt wider. Der Wandel in der baulichen Umwelt ist bemerkenswert, wenn man sich von den schicken Vierteln im Westen Ammans wie Abdoun nach Osten bewegt. Schlechte Bausubstanz und schäbige Viertel ersetzen schnell die schönen Villen und die moderne Architektur mit ihrer grünen Umgebung. Sehr dichte Stadtgebiete und eine schlechte Infrastruktur führen zu zusätzlichen Verkehrsstaus und Umweltverschmutzung.

Die Segregation beschränkt sich jedoch nicht nur auf die bauliche Umwelt, sondern zeigt sich auch in der Mentalität und den sozialen Gewohnheiten der jeweiligen Gruppen. Im Westen Ammans ist der Anteil der Frauen an der Erwerbsbevölkerung höher, während im Osten ein höherer Anteil von Kindern unter 14 Jahren lebt. Dementsprechend kann man davon ausgehen, dass der Westen eine modernere und offenere Mentalität gegenüber Familien hat. Außerdem ist der Anteil älterer Menschen im Westen höher, was vor allem darauf zurückzuführen ist, dass sie dort Zugang zu besseren medizinischen Leistungen haben.

Diese anhaltende Segregation in Amman ist das Ergebnis einer dynamischen Spaltung der sozialen Schichten, die ihren Anfang in einem Gebiet nahm, das nicht größer war als die Innenstadt und die umliegenden Jabals. Leider werden diese geografischen Ungleichheiten durch die gegenwärtigen Immobilienentwicklungen noch verstärkt und Ost und West noch weiter auseinander getrieben.

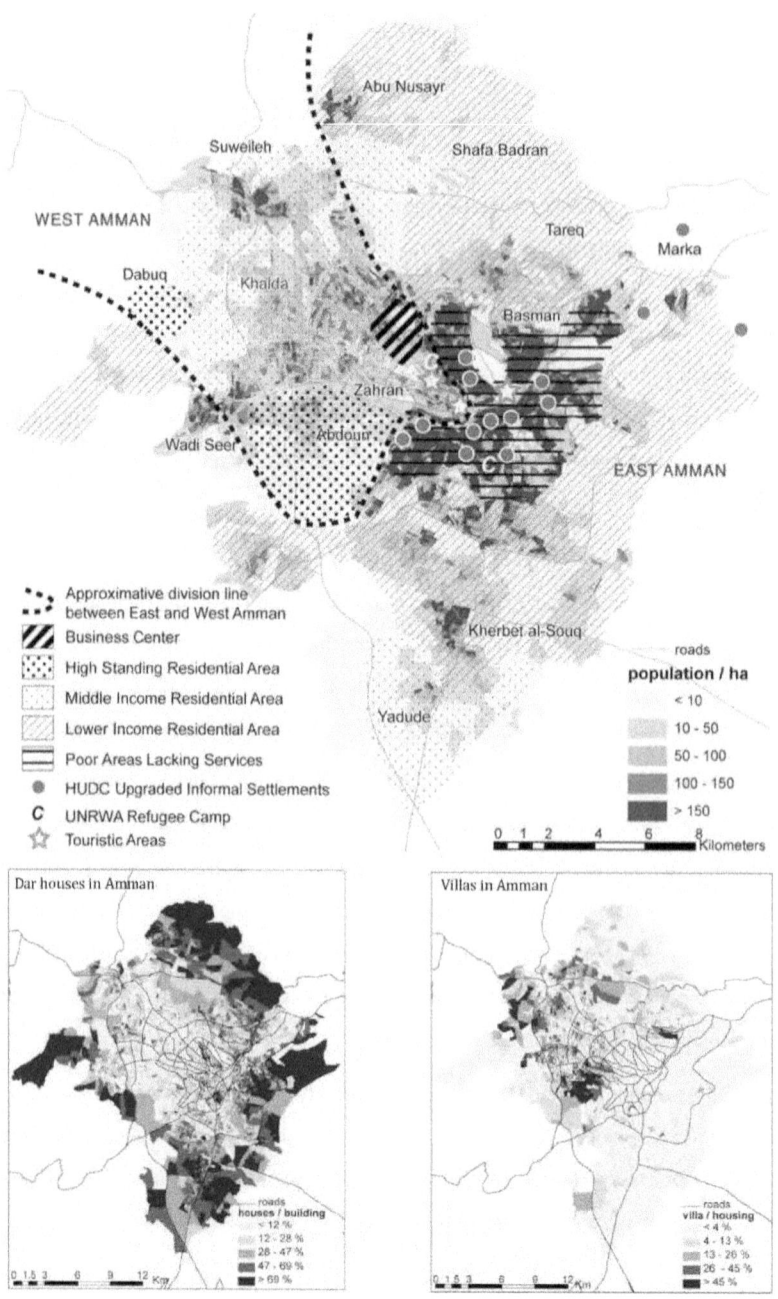

Abbildung 4: Eine Studie zur städtischen Morphologie von Amman aus dem Jahr 2004. Das hervorgehobene "Business Center" in der oberen Karte ist AURP (Ababsa, 2011).

3.3 Jordaniens Wirtschaft

3.3.1 Patrimonialer Kapitalismus

Jordanien hat eine kleine dienstleistungsorientierte Wirtschaft (Schlumberger, 2002). Es gehört nicht zu den ölproduzierenden Ländern des Nahen Ostens und verfügt über begrenzte natürliche Ressourcen. Jordanien verfügt über einen bescheidenen Industriesektor und einen begrenzten Agrarsektor, der seit dem Verlust des Westjordanlandes relativ klein geblieben ist. Andererseits verfügt es über einen wachsenden Sektor für Informationstechnologie und Tourismus. Darüber hinaus genießt Jordanien ein hohes Ansehen in der Gesundheitsbranche und gilt als regionales medizinisches Zentrum, das jährlich Tausende von Patienten aus der gesamten Region anzieht (Mawared, 2010a). Die Einnahmen des Landes hängen in hohem Maße von der großen, hochbezahlten Gemeinschaft der im Ausland lebenden Menschen ab, die Geld in Form von Überweisungen und Investitionen einbringen. Jordanien ist auch auf finanzielle Unterstützung und Direktinvestitionen aus anderen entwickelten Ländern wie den Golfstaaten angewiesen.

Jordanien wendet eine kapitalistische Wirtschaft an (Henry & Springborg, 2010). Ende des 19. Jahrhunderts wurden im Nahen Osten verschiedene Kapitalismen eingeführt, darunter das anglo-amerikanische, das deutsche und das französische Modell (ebd.). Henry und Spring- borg (2010) argumentieren, dass das angloamerikanische Modell von kapitalreichen Ländern übernommen wurde, während das deutsche Modell, das besser an Situationen der Kapitalknappheit angepasst ist, in kapitalarmen Ländern vorherrschte. Die jordanische Wirtschaft folgt dem letztgenannten Modell, ist aber ein einzigartiger Kapitalismus, der nicht vollständig dem westlichen Modell folgt (Musa, 2013). Bestimmte Aspekte der jordanischen Wirtschaft, wie z. B. Wettbewerb und Recht, werden von informellen sozio-politischen Mustern beherrscht (Schlumberger, 2002), die das Land daran hindern, einen fortgeschrittenen Kapitalismus zu erreichen (Musa, 2013). Die jordanische Wirtschaft lässt sich daher besser als "patrimonialer Kapitalismus" beschreiben (Schlumberger, 2002).

3.3.2 Wirtschaftliche Reform

Die Wirtschaftsreformen in Jordanien begannen in den 1990er Jahren und wurden während der Regierungszeit von König Abdullah II. weiter ausgebaut (Schlumberger, 2002; Mawared, 2010a). Seit seiner Thronbesteigung im Jahr 1999 trat Jordanien im Jahr 2000 der Welthandelsorganisation bei, wurde 2001 Mitglied der Europäischen Freihandelsassoziation und unterzeichnete 2001 ein Freihandelsabkommen mit den Vereinigten Staaten, womit es das erste arabische Land war, das ein Freihandelsabkommen mit den Vereinigten Staaten unterzeichnete, und das vierte insgesamt

(Mawared, 2010a).

Ziel war es, die Position Jordaniens auf dem internationalen Markt zu stärken, indem die wirtschaftliche Flexibilität und die globale Integration des Landes erhöht wurden, um ausländisches Kapital und Investitionen anzulocken (Schlumberger, 2002). Um dies zu erreichen, musste der Staat die nationale Wirtschaft liberalisieren und neue finanzielle und administrative Maßnahmen einführen. Die Rolle des Staates wandelte sich von einem dominanten Akteur in der Wirtschaft zu einem Erleichterer des Wirtschaftswachstums, der den privaten Sektor überwacht, während er den Entwicklungsprozess anführt (Daher, 2013; Mawared, 2010a). Es wurden neue Gesetze eingeführt, wie das Investitionsförderungsgesetz (Nr. 16/1995), das "durch großzügige Anreize wie langfristige Steuerbefreiungen und Zollbefreiungen mehr ausländische und inländische Investitionen anlocken sollte" (Schlumberger, 2002: 231), und das Privatisierungsgesetz, das "die Verwendung der Privatisierungserlöse für die Rückzahlung von Darlehen der privatisierten Unternehmen an die Regierung und die Finanzierung wirtschaftlicher und sozialer Entwicklungsprojekte vorsieht" (Mawared, 2010a).

Jordanien arbeitete auch an seinen Beziehungen zur globalen Welt, insbesondere zu den Golfstaaten, die nach dem Golfkrieg geschwächt waren. Infolgedessen kam es im 21. Jahrhundert zu einem Anstieg der Petrodollars und zur Registrierung von rund hundert nicht-jordanischen Bauunternehmen (Musa, 2013).

Die Wirtschaftsreform führte zu raschen Veränderungen in Jordanien, die der König mit den Worten rechtfertigte: "Die Geschwindigkeit, mit der die Regierung handeln muss, um Investitionen anzuziehen, kann die Gesellschaft überrumpeln und für viel Gesprächsstoff sorgen... so funktioniert die Welt. Länder, die auf Geschwindigkeit setzen, werden gewinnen, und andere, die sich von schwerfälliger Bürokratie aufhalten lassen, werden verlieren" - König Abdullah II (Ruwash- deh, 2008 in Parker, 2009: 112).

Amman wurde von dieser neuen Wirtschaftsstruktur am meisten beeinflusst, da die meisten ausländischen Investoren hauptsächlich an der Hauptstadt interessiert waren. Darüber hinaus erhöhte die politische Instabilität einiger umliegender Länder im 21. Jahrhundert den Druck auf Amman als globale Stadt und als "Stadt für Flüchtlinge" (El-Ghul, 1999). Das Ergebnis war ein schnelles passives Wachstum, auf das König Abdullah II. reagierte, indem er GAM im Mai 2006 vorschlug, einen neuen Masterplan für Amman zu entwickeln. "Es ist von entscheidender Bedeutung, dass wir alle unser Möglichstes tun, um sicherzustellen, dass unsere geliebte Stadt weiterhin ein Magnet für bahnbrechende Entwicklungsprojekte und ein fruchtbarer Boden ist, auf dem innovative Ideen Wurzeln schlagen und erblühen können" - König Abdullah II (2006 in Parker, 2009:116).

Im Jahr 2008 veröffentlichte GAM schließlich einen Plan für Amman, der die künftige Entwicklung der Stadt und die für das Jahr 2025 prognostizierte Bevölkerung von 6 Millionen Menschen zum Ziel hatte. "Der Amman-Plan stellt einen etwas unorthodoxen Ansatz für die Stadt-, Stadt- und Gemeindeplanung dar" (GAM, 2008). Der Plan befasst sich mit drei städtischen Maßstäben: dem metropolitanen Maßstab, der sich auf den Entwicklungsrahmen für den Großraum Amman konzentriert, dem Gebietsmaßstab, der Flächennutzungs- und Infrastrukturpläne umfasst, und dem kommunalen Maßstab, der sich auf die Vergrößerung von Plänen für Nachbarschaften und Blöcke konzentriert (ebd.). Der kommunale Maßstab umfasst Details und Anforderungen an Hochhäuser sowie deren Standorte in der Stadt. Um Großprojekte zu fördern, wurde mit dem Plan für Amman ein "One-Stop-Shop" geschaffen, der die Rolle der Antragsbürokratie vom Investor auf die GAM allein verlagert (GAM, 2008).

3.4 A | -Abdali Stadterneuerungsprojekt

3.4.1 Hintergrund

In Jordanien wird ein großer Teil der städtischen Flächen von Militäreinrichtungen eingenommen, davon allein 80 Hektar in Amman. Unter der Herrschaft von König Abdullah II. wurde ein Plan zur Verlagerung von Militäreinrichtungen aus dem Stadtzentrum angekündigt (Rajjal, persönliche Mitteilung, 2014). Ziel war es, die nationale Wirtschaft anzukurbeln, indem potenzielle Flächen für die künftige Entwicklung bereitgestellt wurden. Im Jahr 2002 wurden zwei bedeutende städtische Militärlager in den beiden größten Städten Jordaniens geräumt, darunter das Lager in Al-Abdali.

Eigentümer der Militärstandorte ist Mawared, die National Resources Investment and Development Corporation. Mawared ist eine staatliche Investitionsgesellschaft mit finanzieller und administrativer Unabhängigkeit, die heute als Jordaniens größter Immobilienentwickler gilt (Daher, 2013; Mawared, 2010b). Ihre Aufgabe besteht darin, die Initiative zur Wiederbelebung der städtischen Militärstandorte zu leiten, indem sie erstklassige Grundstücke als ihren Kapitalanteil zur Verfügung stellt, und als Modell für eine öffentlich-private Partnerschaft zu dienen, die "beträchtliche Investitionsmöglichkeiten für den privaten Sektor schafft, Beschäftigungsmöglichkeiten bietet und das Wirtschaftswachstum anregt" (Mawared, 2010b).

Im Jahr 2004 wurde die Abdali Investment & Development (AID) Psc. gegründet, ein privates Landentwicklungsunternehmen, um AURP zu entwickeln (Abdali, 2012b). Das Unternehmen war das Ergebnis einer gleichberechtigten Partnerschaft zwischen Mawared und Saudi Oger, einem führenden regionalen Entwicklungsunternehmen mit Sitz in Saudi-Arabien, das von Rafic Hariri gegründet wurde (Rajjal, persönliche Mitteilung, 2015; Summer, 2006). Nach der Ermordung seines Vaters verließ Bahaa Rafic Hariri das Familienunternehmen Saudi Oger und übernahm die Partnerschaft mit Mawared durch sein eigenes neues Unternehmen, Horizon International for Development (Bloomberg, 2008; Abdali, 2012b). Später trat die United Real Estate Company, die zur Gruppe der Kuwait Projects Company (KIPCO) gehört, der Partnerschaft bei (Rajjal, persönliche Mitteilung, 2015; Abdali, 2012b).

3.4.2 Das Projekt

Das Gelände der Al-Abdali-Siedlung beherbergte zentrale nationale Militär- und Sicherheitseinrichtungen, unter anderem das Hauptquartier der jordanischen Streitkräfte, den allgemeinen Nachrichtendienst und das Direktorat für öffentliche Sicherheit. Als diese Gebäude in der zweiten Hälfte des 20. Jahrhunderts gebaut wurden, lag das Gelände am Rande des Zentrums von Amman. Nach jahrzehntelangem Ausbau wurde das Gelände zu einem wesentlichen Bestandteil des inneren Stadtgefüges. Durch die Verlagerung der Komponenten des Geländes wurde es zum größten zusammenhängenden, in Einzelbesitz befindlichen, freien Grundstück im Stadtzentrum.

Der Standort befindet sich im Bezirk Al-Abdali, einem aufgrund seiner Geschichte und seiner Nähe geografisch bedeutenden Bezirk. Al-Abdali beherbergt mehr als 120.000 Einwohner (Department of Statistics, 2014), die sich auf vier Wohnviertel verteilen: Jabal Al-Weibdeh, Al-Shmeisani, Sport City und Jabal Al-Hus- sein, wo sich das Palästinenserlager Al-Hussein befindet. Die Bedeutung des Standorts selbst wird durch die wichtigsten umliegenden Gebäude wie die König-Abdullah-I-Moschee, das Parlamentsgebäude - Repräsentantenhaus, den Justizpalast und das Bildungsministerium nicht geringer.

Das als "New Downtown of Amman" (Abdali-Broschüre, 2015) beworbene AURP soll das größte gemischt genutzte Entwicklungsprojekt im Herzen der Stadt werden. Das Projekt besteht aus zwei Phasen, in denen eine Gesamtfläche von 384.000 m^2 erschlossen wird, um eine bebaute Fläche von zwei Millionen Quadratmetern zu erhalten (Abdali, 2012a). Das Projekt wurde Anfang der 2000er Jahre in Angriff genommen und sollte bis zum Jahr 2013 abgeschlossen sein (AID, 2008). Die erste Phase des Projekts, die eine bebaute Fläche von 1 030 000 m2 auf einer Grundstücksfläche von 251 000 m2 vorsieht (Abdali, 2012a), ist jedoch noch nicht abgeschlossen und wurde erst im Jahr 2014 teilweise eröffnet (The Boulevard, 2015).

Das Projekt mit einem Wert von mehr als 5 Mrd. USD wird hochwertige Wohnungen,

Geschäftsräume, Hotels und Serviced Apartments sowie medizinische und Unterhaltungseinrichtungen umfassen. Das Projekt soll florieren, indem es auf die attraktiven Sektoren des Landes abzielt und diese aufwertet: den Tourismus-, Medizin- und Geschäftssektor. Der Boulevard und das Abdali-Einkaufszentrum werden angesagte internationale Marken beherbergen und ein neues Einkaufsziel der Oberklasse im Herzen der Stadt schaffen. Es werden auch Elite-Hotelketten entwickelt, um eine neue touristische Gesellschaftsgruppe anzuziehen. Medizinische Zentren mit modernsten Einrichtungen werden Amman und Al-Abdali als regionales Zentrum des Gesundheitstourismus weiter fördern. Und um internationale und regionale Unternehmen anzuziehen, ist ein großer Teil des Projekts für intelligente und moderne Büroflächen vorgesehen (Abdali, 2012a).

Das Ziel des Al-Abdali-Projekts besteht laut Website darin, ein neues "modernes Stadtzentrum zu schaffen, das bisher in Amman fehlte, das den Anforderungen von Unternehmen und Lebensstil gerecht wird, zusätzliche Beschäftigungsmöglichkeiten schafft und einen noch nie dagewesenen Zustrom von Investitionen aus Jordanien und der Region auslöst" (2012).

Abbildung 5, oben: Das am meisten verbreitete 3D-Rendering von AURP in einem realen Kontext (Abdali, 2012).

unten: Der Masterplan der Entwicklung von Laceco Architects & Engineers (The Abdali Brochure, 2015).

Abbildung 6, gegenüber: Karte des Bezirks Al-Abdali im Verhältnis zur Stadt und zum Bezirk Al-Madeinah (Autor, 2015).

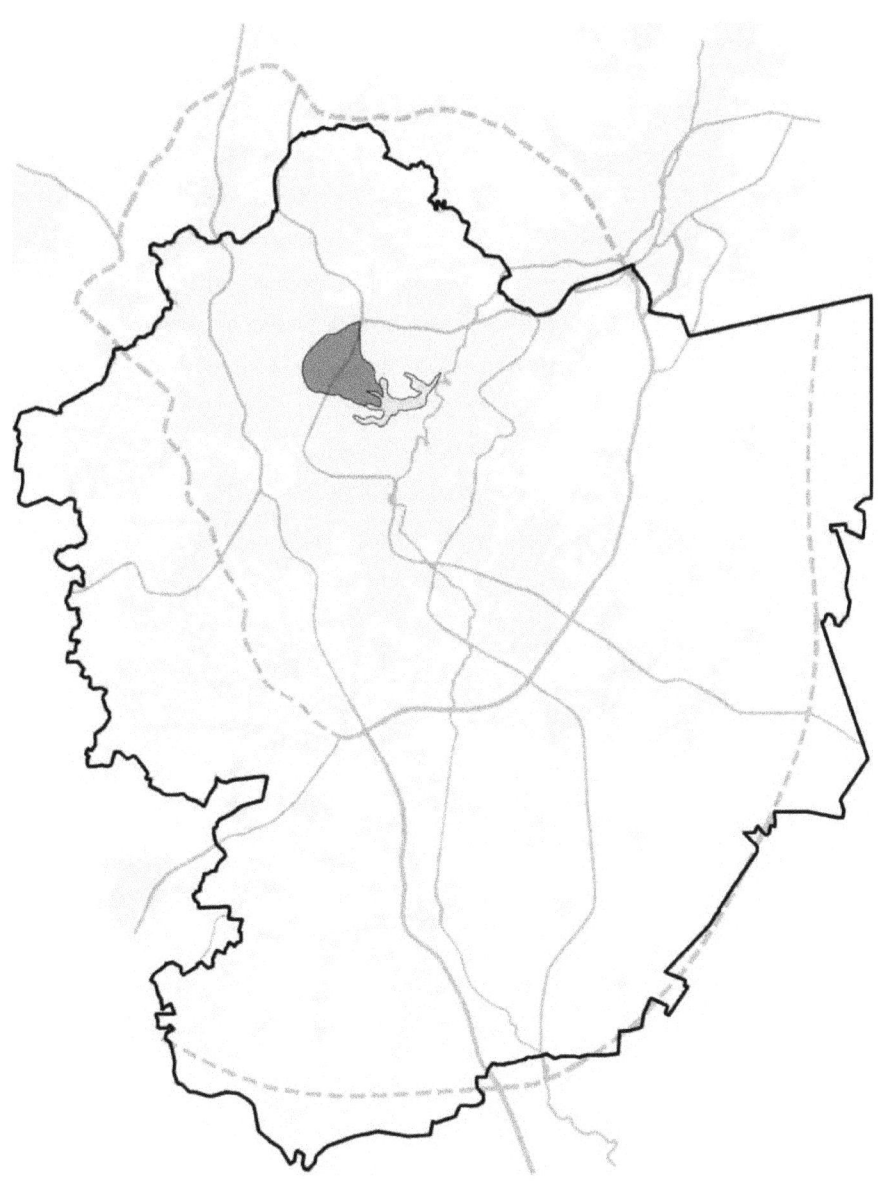

Kapitel 4: Forschungsmethodik

4.1 Forschungsplan, Hypothese und Methode

Ziel der Studie ist es, die Prozesse und Nachwirkungen der jüngsten Megaprojekte in Amman zu verstehen und dabei den Ansatz der sozialen Nachhaltigkeit und die sozioökonomischen Auswirkungen zu beleuchten. Dabei verfolgt die Studie einen qualitativen Forschungsansatz, der sich auf das Verständnis des Diskurses und des Hintergrunds konzentriert, vor dem diese Megaprojekte stattfinden, und folgt damit Van Weeseps kontextuellem Ansatz zur Erklärung der Gentrifizierung, denn es ist das "Wie", das zählt und sich in verschiedenen geografischen Regionen unterschiedlich auswirkt. Daher werden in der Studie formelle wirtschaftliche und politische Kräfte sowie die vorherrschenden informellen soziopolitischen Muster und ihre Rolle bei der Gestaltung der Produktion und des Konsums der städtischen bebauten Umwelt von Amman untersucht. Die Studie untersucht die Hypothese, dass die neoliberale Stadtplanung den sozialen Wert sowie die subjektiven Aspekte des Wohlergehens der Einwohner vernachlässigt und dazu neigt, sich auf die Kapitalakkumulation zu konzentrieren, indem sie nur zu dem Zweck investiert, mehr Geld in irgendeiner Form zu verdienen, was typischerweise auf die schnell profitierenden wohlhabenden Gruppen abzielt.

Bei dieser Studie handelt es sich um eine Einzelfallstudie, bei der das Forschungsproblem anhand der Analyse des AURP untersucht wird. Das AURP ist eine perfekte Fallstudie, da es sich um eine der ersten öffentlich-privaten Partnerschaften (PPP) von Mawared und das bisher größte Immobilienentwicklungsprojekt der Stadt handelt, das im Herzen der Stadt in einem relativ armen städtischen Umfeld liegt.

Da die Gentrifizierung der Hauptprozess der Fallstudie und die Verdrängung ihr Hauptinstrument ist, werden die Auswirkungen in Anlehnung an Peter Marcuses Formen der Verdrängung analysiert (siehe Kapitel 2.2). Durch die Analyse der gesamten Auswirkungen von Verdrängung über wirtschaftliche, physische, individuelle und nachbarschaftliche Veränderungen (Marcuse, 1985) wird die Studie zu einem gründlichen Verständnis des Prozesses und des Einflusses von Gentrifizierung im Namen von AURP führen. Während Marcuses Ansatz zur Messung von Verdrängung einen begrenzteren Maßstab verwendet, der sich auf Wohneinheiten konzentriert, nimmt diese Arbeit einen größeren und umfassenderen Wirkungsbereich an und zielt auf immaterielle soziale Auswirkungen auf das Image und den Lebensstil der Stadt ab.

Dabei wurde eine Kombination von Methoden angewandt, die eine Durchsicht von historischem und zeitgenössischem Text- und Bildmaterial, Ortsbesichtigungen, Interviews mit Stadtforschern und projektbezogenen Fachleuten sowie Interviews mit der betroffenen Öffentlichkeit umfasst. Insgesamt wurden sieben ausführliche halbstrukturierte Interviews sowie einige kurze Interviews geführt. Halbstrukturierte Interviews verbessern die Gesprächsatmosphäre und ermöglichen es dem Interviewer, die Fragen an die jeweilige Situation anzupassen, und dem Befragten, sich besser auszudrücken. Die sieben Hauptinterviewpartner werden im folgenden Unterkapitel vorgestellt.

4.2 Befragte

- Dr. Yasser Rajjal: Fachmann auf dem Gebiet der Stadtplanung und ehemaliger Dekan der Fakultät für Architektur und gebaute Umwelt an der Deutsch-Jordanischen Universität in Amman, derzeit Assistent des Präsidenten für Kommunikation und Öffentlichkeitsarbeit. Er war Leiter der Abteilung für Städtebau an der Mawared, wo er an den Anfängen des AURP beteiligt war. **Die Abteilung war für das Programm und die Anforderungen der Entwicklung sowie für die Weiterverfolgung des Masterplans mit den Bauträgern verantwortlich. Dr. Yasser RajjaTs Erfahrung als Stadtplaner und seine Beteiligung an dem Projekt lieferten einen festen Rahmen und einen Insider für diese Arbeit.**

- Prof. Frank Eckardt: Professor für Stadtsoziologie am Institut für Europäische Urbanistik an der Bauhaus-Universität Weimar in Deutschland. Er ist promovierter Politikwissenschaftler und hat großes Interesse an den sozialen und kulturellen Herausforderungen von Urbanismus und Entwicklung. Er besuchte den Ort der Fallstudie der Dissertation im Jahr 2014 für einen Workshop des Projekts "Urbane Minderheiten", bei dem die Bauhaus-Universität Weimar mit mehreren anderen Universitäten des Nahen Ostens zusammenarbeitete. Als Experte für Gentrifizierung waren sein Input und seine Perspektive von großem Nutzen für diese Arbeit.

- Arch. Laith Al-Adwan: ein praktizierender Architekt in einem bahnbrechenden multidisziplinären Architektur- und Ingenieurbüro, das an mehreren Gebäuden des AURP gearbeitet hat. Arch. Laith Al-Adwan war auch ein ehemaliger Bewohner des vertriebenen Wohnviertels, in dem sich jetzt das neue Projekt befindet. Er wuchs mit seiner Familie in diesem Haus auf und lebte dort rund zwei Jahrzehnte lang. Sie gehörten zu den Letzten, die das Gebiet verließen, und konnten so den größten Teil des Vertreibungsprozesses miterleben. Arch. Laiths Erfahrung als Architekt sowie seine Geschichte und seine persönliche Beziehung zu diesem Ort haben diese Arbeit unterstützt.

- Hasan: ein Herr, dessen Familie mit dem Verdrängungsprozess des Projekts zurechtkommen musste. Das Haus, in dem er seine Kindheit verbrachte und ein Vierteljahrhundert lang wohnte, war von 1982 bis 2003 das Zuhause seiner Familie.

• Moath: ein junger Erwachsener, der mit seiner Familie von 1990 bis 2006 in einem Haus lebte, das seine Eltern in demselben vertriebenen Viertel gebaut hatten.

• Sha'ban: ein Anwohner, der seit mehr als 15 Jahren in der Gegend um das Projekt lebt. Seitdem arbeitet er in einem Falafel-Restaurant in der Nähe des Projekts. Das Restaurant ist eines der ältesten und eines der wenigen überlebenden Restaurants in der Gegend vor dem Projekt und besteht seit etwa 30 Jahren. Das Interview mit Sha'ban bot eine kontinuierliche Perspektive auf das Gebiet, da er nicht von dem Verdrängungsprozess betroffen war, und führte in die Arbeit über marktbezogene Einflüsse ein, indem er die Geschichte der Nachfrage und Aktivität des Restaurants im Zusammenhang mit der Entwicklung des Projekts erläuterte.

• Mohammad: ein Kioskbesitzer auf dem ursprünglichen Freitagsmarkt in Al-Abdali, der weniger als einen Kilometer von dem Megaprojekt entfernt war, und dem neuen, verlegten Markt, der sich jetzt in Ras El-Ain befindet. Mohammads Erläuterungen und der Vergleich der beiden Freitagsmärkte tragen dazu bei, eine bessere Vorstellung von der städtischen Umstrukturierung zu vermitteln, die in der Region Al-Abdali vorherrscht.

Kapitel 5: Forschungsanalyse und Ergebnisse

In diesem Kapitel werden die Forschungsergebnisse vorgestellt, die den Entwicklungsprozess und die Auswirkungen des AURP auf die bestehende Umgebung beleuchten. Die Ergebnisse können in zwei Hauptgruppen eingeteilt werden: materielle und immaterielle. Die greifbaren Ergebnisse beschreiben die physischen Veränderungen und Effekte, die durch das Projekt hervorgerufen wurden, während die immateriellen Ergebnisse den Diskurs und die sozialen Veränderungen betreffen, die durch das Projekt ausgelöst wurden. Das Kapitel beginnt mit der Beschreibung des Beginns des Projekts und zeigt den Hintergrund auf, vor dem es eingeführt wurde, und fährt mit den direkten und indirekten Auswirkungen des Gentrifizierungsprozesses fort.

5.1 Kontext und soziale Verantwortung

Das AURP war das Ergebnis einer politischen Anordnung und einer königlichen Initiative zur Verlegung von Militärlagern, die sich in erstklassigen städtischen Gebieten befanden, um potenziell bebaubares Land bereitzustellen. Hauptziel war es, durch die Förderung des "sekundären Kreislaufs" der bebauten Umwelt Jordaniens internationale Investitionen anzuziehen, in der Hoffnung, die nationale Wirtschaft anzukurbeln.

Ideen und Vorschläge für das Projekt wurden in den frühen 2000er Jahren in zwei großen Fokusgruppen diskutiert. Die erste Gruppe bestand aus Stadtexperten, hauptsächlich Architekten und Planern, darunter prominente lokale Fachleute wie Ja'afar Tuqan, Rasem Badran und Farouk Yaghmour. Die zweite Gruppe setzte sich aus interessierten lokalen und internationalen Bauunternehmern zusammen, darunter Vertreter der saudischen Oger-Gruppe. Die Diskussionen betrafen die Anwendbarkeit von drei Hauptvorschlägen. Eine der Optionen war die Entwicklung eines Parks, eine Art zentraler Park, der als grüne Lunge für die sehr dichte Region dienen kann, genau das, was der Innenstadt fehlt. Die beiden anderen Lösungen bestanden aus großen bebauten Flächen und monumentalen Gebäuden. (Rajjal, persönliche Mitteilung, 2015)

Bei den Treffen wurde festgestellt, dass es schwierig ist, ein derartiges erstklassiges Gebiet im Stadtzentrum von Amman ausschließlich auf Grünflächen zu beschränken, obwohl Dr. Yasser Rajjal, der damalige Direktor der Abteilung für Stadtforschung von Mawared, und viele andere Stadtforscher persönlich diese grüne Option bevorzugen, da es in der Stadt an solchen Flächen mangelt. Allein der Gedanke, eine stark urbanisierte Lösung einer grünen vorzuziehen, widerspricht dem von Mawared propagierten Ansatz und sogar seinem Logo, das einem nationalen Baum ähnelt, der in der Region als Butum Tree bekannt ist. Auf seiner Website verweist das Unternehmen auf seine Verantwortung gegenüber dem Baum, indem es erklärt: "Wie der Baum gehen die Projekte von Mawared auf die Bedürfnisse der Menschen ein, indem sie Grünflächen zum Entspannen und für Promenaden bereitstellen. Wie der Baum, ein Anziehungspunkt, werden die Projekte von Mawared Investoren und Besucher gleichermaßen anziehen" (Mawared, 2010b). Es scheint, als ob Mawared in diesem Fall die Investoren und Besucher in den Vordergrund gestellt hat.

Abbildung 7: Luftaufnahme des Geländes im Jahr 2003, auf der die ursprüngliche Bebauungsgrenze (durchgezogene Linie) und die neue Grenze (gestrichelte Linie) zu sehen sind. Bei den verdrängten Grundstücken handelte es sich damals nur um die mitlitärischen Anlagen, die sich auf den sichtbaren freien Flächen innerhalb der ursprünglichen Grenze befanden (Autor, 2015; Google Earth).

Das Projekt wurde in Form einer offenen Ausschreibung bekannt gemacht, doch nur wenige Bauträger bekundeten ihr Interesse. Die Erfahrung des Bauträgers mit Projekten dieser Größenordnung war eine der Hauptbedingungen für die Ausschreibung, so dass alle lokalen Bauträger ausgeschlossen wurden. Lediglich zwei Masterplanvorschläge wurden von Laceco und HOK[1] unter der Aufsicht der Abteilung für Stadtplanung von Mawared entworfen und entwickelt. Später erklärte sich Saudi Oger, der für den Masterplan von Laceco verantwortliche Bauträger, bereit, den Vertrag für das Projekt zu unterzeichnen, wodurch der Masterplan von HOK hinfällig

---

[1] Laceco und HOK sind multidisziplinäre Architektur- und Beratungsunternehmen, die ihren Ursprung im Libanon bzw. in Kanada haben.

wurde. Mit der Vereinbarung wurde eine 50/50-Partnerschaft zwischen Mawared und Saudi Oger in Form eines Unternehmens namens Abdali Investment & Development zur Entwicklung des Geländes gegründet. Der Beitrag von Mawared zu diesem Unternehmen war das Grundstück, während Saudi Oger einen dem Wert des Grundstücks entsprechenden Betrag investieren musste. (Rajjal, persönliche Mitteilung, 2015)

Bei der Bewertung des Geländes, mit der die Investition von Mawared ermittelt werden sollte, gab es einige Probleme und Anzeichen von Korruption. Im Jahr 2003 schätzte die Abteilung für urbane Studien den Wert des zur Bebauung angebotenen Grundstücks auf rund 120 Mio. JOD, etwa 180 Mio. USD (Rajjal, persönliche Mitteilung, 2015). In der Vereinbarung wurde jedoch ein Wert von nur 30 Mio. USD für die 330.000 m² Land angegeben, also eine Schätzung von etwa 90 Tausend JOD pro Donum[2] in einer Zeit, in der ein Donum in Swefieh (einem der gehobenen Viertel der Stadt) zwischen 800 und 900 Tausend JOD betrug. Der Grund für diese Abwertung bleibt vage, aber Fragen und Berichte an die Antikorruptionsbehörde über die finanzielle und administrative Leistung von Mawared waren häufig (Jordan Times, 2010). Der Leiter von Mawared wurde zu einem bestimmten Zeitpunkt des Projekts sogar zu einer Gefängnisstrafe verurteilt.

Andere Anzeichen von Korruption gab es bei den Plänen und Anforderungen für die Erschließung. Änderungen an den Plänen im Laufe des Projekts waren üblich, da sich profitablere Entwicklungsmöglichkeiten ergaben. So wurde zum Beispiel die ursprüngliche Grundstücksgrenze, die in der Ausschreibung für die Erschließung angeboten wurde, nach der Vereinbarung auf insgesamt 384.000 m2 erweitert. Der ursprüngliche Standort umfasste hauptsächlich staatseigenes Land und ein angrenzendes Wohnviertel. Mit dem neuen Gelände wurde der Enteignungsumfang auf das Al-Quds College, die Talal Abu-Ghazaleh-Organisation und einige weitere Wohn- und Geschäftsgebäude ausgedehnt. (Rajjal, persönliche Mitteilung, 2015)

Darüber hinaus war einer der Hauptbestandteile des Masterplans der lokalen Gemeinschaft gewidmet, als Teil der unternehmerischen Verantwortung des Bauträgers gegenüber dem sozialen Sektor (der Bauträger ist in diesem Sinne die AID, die sowohl aus Mawared als auch aus Saudi Oger besteht). Der ursprüngliche Plan sah eine Universität, einen Platz für die Bürger und eine Bibliothek vor. Die Universität sollte die am zentralsten gelegene Hochschuleinrichtung in Amman und die erste amerikanische Universität in Jordanien werden. Das Land für die Bibliothek sollte ein Geschenk an Amman sein, das dem ehemaligen König von Saudi Oger gewidmet wurde, wobei die

---

2 Donum, auch bekannt als donam, ist eine Flächeneinheit, die in der ehemals vom Osmanischen Reich besetzten Region häufig verwendet wird. Der Begriff war damals von Ort zu Ort unterschiedlich groß. Heutzutage wird er auf 1000 m2 umdefiniert.

Verantwortung für die Entwicklung dem Staat überlassen werden sollte. Der städtische Platz sollte die drei angrenzenden nationalen Gebäude (die König-Abdullah-I.-Moschee, den Justizpalast und das Parlamentsgebäude) mit der geplanten Bibliothek verbinden und als kultureller Knotenpunkt und Eingangstor zum Projekt im Osten dienen. Im Westen war außerdem eine Fußgängerbrücke mit einem Goldmarkt geplant, die das Gelände mit dem umliegenden Viertel Al-Shmeisani verbinden sollte. Obwohl für diese Projekte einige Designwettbewerbe ausgeschrieben wurden, konnte keines dieser Elemente verwirklicht werden, sondern wurde durch weitere Geschäfts- und Wohngebäude ersetzt. (Rajjal, persönliche Mitteilung, 2015)

Man kann sich nur wundern, wie so wichtige Elemente eines Entwicklungsplans in kurzer Zeit einfach geändert werden konnten. Unklare Argumente rechtfertigten die Anpassungen. So wurde beispielsweise der Bürgerplatz gestrichen, um zu vermeiden, dass in einer Zeit der politischen Instabilität im Nahen Osten zusätzliche öffentliche Plätze für Demonstrationen zur Verfügung gestellt werden (ebd.). Die Bibliothek fand offenbar keine staatliche Finanzierung, und die Bauherren hatten kein Interesse, selbst in die Bibliothek zu investieren (Musa, 2013). Was jedoch am meisten auffällt, ist die Rücknahme des Universitätsplans. Man könnte annehmen, dass ein solcher Plan auf einer gründlichen Analyse der Nachfrage nach Hochschulbildung in der Region beruht. Dies scheint beim AURP nicht der Fall zu sein, das nach dem Willen des Unternehmens willkürlich geändert wurde, wobei gemeinschaftsfreundliche Lösungen durch profitablere Optionen ersetzt wurden.

5.2 Direkte Verdrängung

Im Jahr 2003 wurden alle militärischen und sicherheitstechnischen Einrichtungen am Standort verlagert und viele ihrer Gebäude abgerissen. Laut Rajjal hatte die Verlagerung der verschiedenen Abteilungen unterschiedliche psychologische Auswirkungen auf die örtliche Gemeinschaft (persönliche Mitteilung, 2015). Der Umzug der Abteilung für den allgemeinen Nachrichtendienst aus der Region führte beispielsweise zu einer gewissen Erleichterung und einem gewissen Trost bei den Anwohnern. Dies ist zum Teil darauf zurückzuführen, dass die Abteilung für illegale und unangenehme Aktivitäten zuständig ist, was sie nicht unbedingt als Ort der Nachbarschaft erscheinen lässt. Andererseits haben die jordanischen Streitkräfte einen positiven Ruf und ein positives Image. Sie sind ein bedeutendes Symbol des jordanischen Nationalismus und der jordanischen Kultur mit einigen relativ alten Gebäuden, die noch aus der Zeit von König Abdullah I. stammen.

Die Entwicklung des Projekts erforderte die Verdrängung weiterer privater Gebäude und

Einrichtungen. Innerhalb des Geländes befanden sich das Al-Quds College, die Talal Abu-Ghazaleh-Organisation (TAG), ein ganzes Wohnviertel sowie einige andere verstreute Geschäfts- und Wohngebäude.

Das Al-Quds College ist eine führende private Volkshochschule, die berufliche Diplomstudiengänge in fünf verschiedenen Bereichen anbietet. Seit ihrer Gründung im Jahr 1980 haben rund 25.000 Studenten ihren Abschluss gemacht. Das College hat seinen Campus in ein Gebiet am Rande der Stadt in Richtung des Hauptflughafens verlegt, mehr als 10 Kilometer südlich des Al-Abdali-Geländes. Dies hatte erhebliche Auswirkungen auf die große Zahl der an der Hochschule eingeschriebenen Studenten und Lehrkräfte und führte zu einer Umstellung ihrer Transportwege und einer Vervielfachung ihrer Reisekosten. Positiv zu vermerken ist, dass die von den Bauträgern angebotene finanzielle Entschädigung für die Hochschule recht anständig war und sie ermutigte, an dem neuen Standort zu expandieren.

Die Enteignung derTAG-Organisation war ein interessanter Fall. Die Organisation weigerte sich, umzuziehen und sich der ansonsten hegemonialen Macht der Bauträger zu beugen. Die GAM mischte sich ein, indem sie im Namen des Gemeinwohls andere Pläne für dieses Grundstück geltend machte. So konnte GAM das Grundstück enteignen, verkaufte es dann aber an AID, damit diese ihre Pläne weiterverfolgen konnte. Die Organisation TAG verklagte die GAM und protestierte gegen die Integrität des Enteignungsverfahrens. Dennoch verlor die Organisation den Prozess und wurde sogar mit einem relativ geringen finanziellen Wert im Verhältnis zum Potenzial und den Eigenschaften des Grundstücks entschädigt. (Rajjal, persönliche Mitteilung, 2015)

Die eigentlichen Opfer des Verdrängungsprozesses waren die ehemaligen Bewohner des Geländes. In dem Gebiet befand sich ein relativ kleines Wohnviertel mit weniger als 30 Wohneinheiten. Bei den meisten Gebäuden handelte es sich um in den 1980er Jahren errichtete, selbst gebaute Dar-Häuser (siehe Kapitel 3.2) (Hasan, persönliche Mitteilung, 2015). Der Architekt Laith vergleicht den Charme und den Stil der Gebäude mit denen in Jabal Al-Weibdeh, einem der alten Viertel von Amman. Er ging bei der Beschreibung des Viertels noch weiter und erinnerte sich an den Jasminduft, der am Nachmittag herrschte, und an die Grillpartys im Sommer (persönliche Mitteilung, 2015). Alle befragten ehemaligen Bewohner stimmten der freundlichen Atmosphäre des Viertels zu und beschrieben den Grad der Vertrautheit unter den Einheimischen, indem sie beschrieben, dass selbst Besuche von außen für andere spürbar waren (persönliche Mitteilung, 2015).

Alle drei Befragten, die vertrieben wurden, haben ihre Kindheit in diesem Viertel verbracht und waren traurig, es zu verlassen. Sie gaben an, dass sie und ihre Familien ihr Zuhause nicht verlassen hätten, wenn es das Projekt nicht gegeben hätte (persönliche Mitteilung, 2015). Die Befragten waren unzufrieden mit dem Vertreibungsprozess und der Tatsache, dass die Entwickler die Bewohner des Viertels nicht in ihre Entwicklungspläne einbezogen und sie nicht einmal persönlich ansprachen, was als respektlos empfunden wurde. Es war die Stadtverwaltung, die im Namen der Bauträger handelte, mit den Bewohnern kommunizierte, sie über die neuen Abdali-Pläne informierte und den Wert der Entschädigung aushandelte. Die Verhandlungen verliefen nicht immer so reibungslos. In den meisten Fällen war der angebotene Betrag viel niedriger als der geforderte, wie Schätzungen von Immobilienfirmen ergaben. Hasan erinnert sich sogar an eine Situation, in der die GAM einem unnachgiebigen Haushalt mit der Enteignung drohte, falls er nicht kooperieren würde (ebd.).

Die Bewohner hatten keine andere Wahl, die Vertreibung war unvermeidlich. Hätten sie nicht verkauft, dann hätte GAM ihre Grundstücke enteignet (Rajjal, persönliche Mitteilung, 2015), genau wie im Fall der TAG Organization. Wenn es dieser prominenten Organisation nicht gelang, ihr Eigentum zu behalten, hatten die Bewohner der Unter- und Mittelschicht keine Chance, sich den Plänen der Bauunternehmer zu widersetzen. Der in diesem Fall praktizierte Vertreibungsprozess ist die eigentliche Definition von "Zwangsvertreibung", der extremsten Form von Vertreibung (Marcuse, 1985).

Die Verdrängung des Viertels geschah nicht über Nacht, sondern die Bewohner zogen im Laufe einiger Jahre nach und nach um. Dies hat die verbleibenden Haushalte unter "Verdrängungsdruck" gesetzt, da sie den Wegzug ihrer Nachbarn miterleben mussten. Der Druck war hier extrem, da die GAM jedes enteignete Gebäude sofort abriss. Der Architekt Laith gehörte zu den Letzten, die das Viertel verließen, so dass er miterleben konnte, wie das Viertel seiner Kindheit völlig zerstört und verfallen war. "Am Ende fühlte ich mich wie in einem Krieg, als ob die Gegend bombardiert worden wäre. Überall Metall und Staub auf dem Boden, totales Chaos" (Laith, persönliche Mitteilung, übersetzt vom Autor, 2015).

Die meisten Bewohner zogen an Orte, die weit vom Stadtzentrum entfernt sind (persönliche Mitteilung, 2015). Dies ist auf die rücksichtslose Entschädigung der Haushalte in einer Zeit zurückzuführen, in der die Nachfrage und die Preise für Immobilien infolge des Irakkriegs 2003 rapide anstiegen. Daher wurden die Möglichkeiten und Wohnorte für die Vertriebenen eingeengt, wobei weit entfernte Orte hervorgehoben wurden, an denen man sich geräumigere Immobilien leisten und dabei noch etwas Geld sparen kann. Andere hatten das Glück, als Reaktion auf die Gerüchte über das Projekt ein neues Haus zu kaufen, bevor die Grundstückspreise stiegen, so dass sie mehr von der Entschädigung profitieren konnten, wie im Fall von Hasans Familie. Doch wie die meisten zieht auch Hasan die Lage seines Abdali-Hauses vor: "Es war näher an allem. Es lag näher am Arbeitsplatz meines verstorbenen Vaters, am Arbeitsplatz meiner Mutter und an unseren Schulen. Abdali lag mitten im Herzen der Stadt. In der Nähe von Al-Hus- sein, Al-Shmeisani, Jabal Amman, Jabal Al-Weibdeh und den meisten aktiven Gebieten der Stadt" (persönliche Mitteilung, übersetzt vom Autor, 2015).

Alle Bewohner hatten ihren Anteil an Erinnerungen in diesem Viertel, Erinnerungen, die jetzt nur noch mentale Bilder und Geschichten sind, die überhaupt nichts mit der neuen physischen Umgebung zu tun haben. Ihre lange und historische Beziehung zu diesem Gebiet ist einfach verschwunden. Hinzu kommt, dass keiner der befragten ehemaligen Bewohner das Gebiet nach der Vertreibung jemals besucht hat und auf die Frage, ob sie ein Angebot zum Wohnen in der neuen Siedlung in Betracht ziehen würden, mit "nein danke" antwortete (persönliche Mitteilung, 2015). Unabhängig vom Wert der finanziellen Entschädigung können die Kosten der sozialen Entschädigung niemals gedeckt werden:

Die Vertreibung aus der Nachbarschaft, in der man zu Hause war, kann den Sinn des Lebens fast so stark beeinträchtigen wie der Verlust einer wichtigen Beziehung. Die Enteignung bedroht die gesamte Struktur der Bindungen, durch die Zwecke verkörpert werden, weil diese Bindungen in einer fremden Umgebung nicht ohne weiteres wiederhergestellt werden können (Marris, 1986: 57).

Die Vertreibung beschränkte sich jedoch nicht nur auf Menschen und Gebäude, sondern betraf auch Bäume. Fast 750 Bäume in der Umgebung des Hauptquartiers der jordanischen Streitkräfte sollten entfernt werden, um die Pläne für die zweite Phase der Erschließung umzusetzen. Trotz des Widerstands des Landwirtschaftsministeriums genehmigte das Kabinett die Umsiedlung, allerdings nur von 541 Bäumen statt der beantragten Gesamtzahl, unter der Bedingung, dass AID im Gegenzug für jeden gerodeten Baum fünf Bäume auf einem Grundstück in Mafraq pflanzt (Namrouqa, 2012). Die vorhandenen alten Bäume, die bis zu 90 Jahre alt waren, wurden also einfach entwurzelt, und an ihrer Stelle wurden in einem anderen Gouvernement, das zehn Kilometer von Amman entfernt ist, neue Bäume gepflanzt. Leider hat diese Lösung das Problem der Grünflächen in der Stadt nur verschlimmert und die Macht der Bauunternehmer gegenüber dem Staat unterstrichen.

Abbildung 8: Eine Karte des Wohnviertels von einem der ehemaligen Bewohner. Die Karte enthält die Namen der Nachbarn und der umliegenden Einrichtungen. Fast ein Jahrzehnt später gezeichnet, drückt die Karte die Atmosphäre, die Beziehung und die Bedeutung des Ortes für seine ehemaligen Bewohner aus (Ghaith Al-Adwan, 2015).

5.3 Indirekte Verschiebung

Der Einfluss der Vertreibung beschränkt sich nicht nur auf diejenigen, die sich tatsächlich im vertriebenen Gebiet befinden (Marcuse, 1985). Auch die Umgebung kann betroffen sein. Solche Auswirkungen sind indirekte Folgen, Nebeneffekte, der ursprünglichen Vertreibungsaktion. In diesem Kapitel wird nun die indirekte Vertreibung durch das Entwicklungsprojekt beschrieben.

5.3.1 Verdrängungsdruck

Die Militär- und Sicherheitseinrichtungen auf dem ehemaligen Gelände beschäftigten Tausende von Arbeitnehmern, von denen zahlreiche umliegende Unternehmen, insbesondere Restaurants und Cafés, abhängig waren. Nach der Verlagerung der Anlagen konnten sich viele Unternehmen diesen enormen Nachfragerückgang, der mit einem Anstieg der Mieten einherging, nicht mehr leisten (Sha'ban, persönliche Mitteilung, 2015). Dementsprechend mussten viele Lokale, die dem Viertel seinen Charme und Charakter verliehen, schließen. Zu den wenigen überlebenden Restaurants gehört das berühmte Restaurant Zahrat Lebnan (die Blume des Libanon) , das seit rund 30 Jahren besteht und von seinem Ruf lebt. Das Geschäft wurde von den Veränderungen in der Region, zu denen auch die Verlagerung der Einrichtungen, des Freitagsmarkts und des Busbahnhofs gehörte, erheblich beeinträchtigt (ebd.). Sha'ban, ein Einheimischer, der seit mehr als 15 Jahren in der Gegend lebt und in Zahrat Lebnan arbeitet, erklärt, dass das Geschäft des Restaurants in den Jahren der raschen Entwicklung des Projekts am besten lief, als eine große Gruppe von Bauarbeitern vorübergehend auf der Baustelle ankam (persönliche Mitteilung, 2015).

Infolge der Entstehung dieser elitären Entwicklung stieg der Immobilienwert der Umgebung (Rajjal, persönliche Mitteilung, 2015). Die Bewertung dieses Anstiegs ist ein leerer Signifikant, der davon abhängt, wer ihn mit Bedeutung füllt. Sie kann von den ursprünglichen Immobilieneigentümern als positiv und von den Mietern und interessierten Gruppen als negativ angesehen werden. Es steht jedoch außer Frage, dass diese Erhöhung zu einer Verdrängung geführt hat. Die "Mietlücke", d. h. die Differenz zwischen dem potenziellen Erbbauzins in dem Gebiet und dem tatsächlich erzielten, zog Investitionen von internen und externen Parteien an. Dabei werden die ursprünglichen Eigentümer verdrängt, indem sie ihr Eigentum verkaufen, oder sie verdrängen die Mieter, die es bewohnen, indem sie die Preise erhöhen. Dies führt zu einer ständigen Gentrifizierung.

Hinzu kommt der psychologische Druck, den die Vertreibung ausübt. Wenn die Anwohner mit ansehen müssen, wie ihre Freunde und Nachbarn vertrieben werden, wie die von ihnen besuchten Restaurants und Geschäfte geschlossen werden, wie die umliegenden Märkte und öffentlichen Verkehrsknotenpunkte verlagert werden (Marcuse, 1985), verlieren sie den Bezug zu dem Ort. "Ich habe das Gefühl, dass das Viertel nicht mehr zu uns gehört", sagt Sha'ban und fügt hinzu, dass "die Menschen, die das Gebiet jetzt besuchen, im Gegensatz zum Kontext eine sehr hohe Klasse haben" (persönliche Mitteilung des Autors, 2015). Die Bewohner werden durch die dramatischen Veränderungen in ihrem Umfeld und die Angst vor den steigenden Preisen ermutigt, das Gebiet zu verlassen. Der Vertreibungsdruck wird durch den Zuzug neuer wohlhabender Haushalte und die Eröffnung von Geschäften und Restaurants, die auf die neue Kundschaft ausgerichtet sind, noch verstärkt (Marcuse, 1985). Im Fall von Al-Abdali drängten zahlreiche neue große Unternehmen in das Gebiet. Unternehmen mit Mietverträgen, die mindestens das Dreifache der alten bestehenden Verträge betragen, die ebenfalls zunahmen (Sha'ban, persönliche Mitteilung, 2015).

Abbildung 9: Verdrängungsdruck auf die ursprünglichen umliegenden Gebäude. Der Druck wird durch das Entstehen der monumentalen Hochhäuser des AURP noch verstärkt (Autor, 2015).

Abbildung 10: Zum Verkauf angebotene Immobilien im Rahmen des AURP (Autor, 2015).

Abbildung 11: Zum Verkauf angebotene Geschäfte in der Nähe der "New Downtown". Beachten Sie die Spiegelung eines AURP-Gebäudes im unteren Bild (Autor, 2015).

Abbildung 12: Neubau und Wiederaufbau im Rahmen des AURP (Autor, 2015).

Abbildung 13: Neue gehobene Geschäfte und Restaurants erobern das Gebiet (Autor, 2015).

5.3.2 Ausschließende Verdrängung

In dem Maße, wie die Alteingesessenen zum Wegzug gedrängt werden, werden die Neuankömmlinge gefiltert. Das wichtigste Filterelement sind die Preise, die neuen hohen Werte für Mieten, Immobilien, Waren und Dienstleistungen, die durch den Gentrifizierungsprozess entstehen.

All diese Veränderungen verhindern, dass Haushalte mit ähnlichem sozialem Status wie die Vertriebenen einziehen, schließen sie also aus und schränken ihre Möglichkeiten, in der Stadt zu leben, ein. Um eine Vorstellung von der enormen Veränderung der Preise im Viertel zu vermitteln, nennt Sha'ban die Monatsmiete von 1.000 JOD für ein neues, angrenzendes 24 m²-Geschäft, eine enorme Zahl im Vergleich zu den 200/250 JOD im Durchschnitt der alten Mietverträge (persönliche Mitteilung, 2015). Diese Diskrepanz verdeutlicht die Art der vorherrschenden Gewerbeflächen in dem Gebiet.

Was das Projekt selbst anbelangt, so erlaubt es nicht die Ansiedlung einer beliebigen sozialen Gruppe. In Hochhäusern kostet ein Wohnquadratmeter rund 2500 JOD (Rajjal, persönliche Mitteilung, 2015; Laith, persönliche Mitteilung, 2015; DAMAC-Beamter, persönliche Mitteilung, 2015). Als das Projekt entstand, lag keine andere Immobilie in Amman auch nur in der Nähe dieser Zahl[3]. Heutzutage kann man in wohlhabenden Vierteln von Amman wie Abdoun Wohnungen finden, die mehr als 200 Tausend JOD kosten, aber sie sind geräumiger als das, was im AURP für den gleichen Preis angeboten wird[4]. Solche Preise erscheinen auch überraschend, wenn man das Durchschnittsgehalt in Jordanien bedenkt, das auf 5200 JOD geschätzt wird, und die Statistik, dass etwa 50 % der Beschäftigten einen Lohn im Bereich von 300 JOD erhalten (Department of Statistics, 2013).

In dem neuen Projekt werden Studios, Wohnungen mit einem, zwei und drei Schlafzimmern sowie eine Auswahl an Penthäusern als Wohnräume angeboten. Es wurden sogar Preise und Belohnungen ausgelobt, um für Immobilien im AURP zu werben. DAMAC Properties, einer der Bauträger im AURP, warb damit, dass die ersten 25 Käufer von Wohnungen mit drei Schlafzimmern einen brandneuen Jaguar erhalten würden (Al-Bawaba, 2006). Andere Werbeaktionen umfassten sogar einen Privatjet (Rajjal, persönliche Mitteilung, 2015; Laith, persönliche Mitteilung, 2015).

Anhand der Werbeaktionen und Preise des Projekts wird deutlich, dass es auf die Elite der Gesellschaft abzielt und die Mehrheit der Jordanier ausschließt. Einem Mitarbeiter von DAMAC Properties zufolge sind die verfügbaren Wohneinheiten in The Heights bereits begrenzt, und bis zur

---

3 Einen Überblick über die durchschnittlichen Immobilienpreise in Amman im Jahr 2007 gibt Tabelle 3 im Anhang. Aus der Tabelle geht hervor, dass der höchste durchschnittliche Quadratmeterpreis in der Region Khalda mit 374 JOD für Wohnflächen und 977,78 JOD für Gewerbeflächen ermittelt wurde. Im Bezirk Al-Abdali lag der Durchschnitt bei 272,50 JOD für Wohn- und 507,50 JOD für Gewerbeflächen (ohne das Megaprojekt).

4 Diese Aussage basiert auf einem Vergleich der durchschnittlichen Immobilienpreise zwischen Abdoun und DAMACs Immobilie The Heights at AURP. Studios und Einzelappartements in den ersten Stockwerken des Hochhauses mit einer Fläche von ca. 90 m2 wurden für eine Preisspanne von 200 Tausend JOD angeboten. Die Preise steigen mit der Stockwerkshöhe. Andererseits könnte man für einen solchen Preis eine Wohnung mit mindestens der doppelten Größe und Anzahl der Schlafzimmer in Abdoun erwerben. Natürlich ohne die ausgefallenen Dienstleistungen. Der Vergleich basiert auf Daten, die im Jahr 2015 auf der Website "Abdoun Real Estate" gesammelt wurden, und auf einem persönlichen Gespräch mit einem DAMAC-Mitarbeiter.

Eröffnung bleiben noch einige Jahre[5] (persönliche Mitteilung, 2015). The Heights, eines der von DAMAC entwickelten Objekte im AURP, bietet mehr als 200 Wohneinheiten mit modernsten Technologien und Dienstleistungen. Die Quelle geht bei der Beschreibung der Käufer noch weiter und erklärt, dass "Menschen aus Jordanien, Dubai, Kuwait, Saudi-Arabien, London und andere, die in Jordanien Geschäfte betreiben, in unsere erstklassigen Immobilien investiert haben" (ebd.). Man kann also davon ausgehen, dass das gesamte AURP, das verschiedene Immobilien in der gleichen Preisklasse anbietet, auf **internationale Geschäftsleute und Jetsetter**[6] ausgerichtet ist, **die hauptsächlich aus den Golfstaaten stammen.** Diese neue Art von "Super-Gentrifizierern" (Butler & Lees, 2006) ist eine der lokalen Gemeinschaft qualitativ fremde Gruppe, die über einen sehr hohen Lebensstandard verfügt, der es ihnen erlaubt, übertеuerte Immobilien zu kaufen und teure Freizeitaktivitäten im AURP zu genießen.

Auch die Gestaltung der Siedlung selbst war ausgrenzend. Die ursprünglichen Bebauungspläne betonten die Verbindung des Geländes mit seiner Umgebung durch einen öffentlichen Platz, eine Bibliothek und eine Fußgängerbrücke mit Marktthema. Die Streichung all dieser verbindenden Elemente führte zu einer "isolierten Insel" (Yasser, persönliche Mitteilung, 2015). Das Projekt endet nun abrupt mit Hochhäusern und modernen Gebäuden, die im Widerspruch zum Kontext stehen, und einem Zaun aus Baumreihen, der die Siedlung von ihrer Umgebung trennt und zur Isolation beiträgt.

Darüber hinaus war der Boulevard[7] Zeuge der Ausstellung einer Eintrittskarte für den vermeintlich öffentlichen Raum im AURP (Rajjal, persönliche Mitteilung, 2015; Laith, persönliche Mitteilung, 2015). Dieser Akt schloss automatisch diejenigen aus, die sich solch hohe Freizeitkosten nicht leisten konnten. Der öffentliche Raum scheint unter neoliberaler Planung zu verschwinden, Räume werden halb oder ganz privatisiert (Harvey, 2011). Glücklicherweise hielt die Entscheidung nicht lange an, nachdem sich Aktivisten dagegen ausgesprochen hatten. Die typische geschlechtsspezifische Ausgrenzung ist jedoch unvermeidlich. Der Boulevard verfügt nicht nur über ein umfangreiches Sicherheitssystem mit einer großen Anzahl von Sicherheitskameras und Sensoren, sondern ist auch sehr selektiv bei der Auswahl seiner Kundschaft. Die Zugangspunkte sind mit Sicherheitspersonal besetzt, das grünes Licht gibt, um angeblich unerwünschten Gruppen, in der Regel jungen

---

[5] Diese Aussage ist mit Vorsicht zu genießen, da sie sich ausschließlich auf die Angaben eines DAMAC-Mitarbeiters stützt, der die Informationen möglicherweise zum Nutzen des Images und des Eigentums des von ihm vertretenen Unternehmens zurechtrückt.
[6] Ein Jetsetter ist ein Mitglied einer hohen gesellschaftlichen Gruppe, die ein glamouröses Leben mit häufigen Reisen genießt.
[7] Der Boulevard ist eine 370 Meter lange Fußgängerzone am AURP, die von einem Dutzend gemischt genutzter Gebäude umgeben ist, die hochwertige Geschäfts- und Freizeiträume bieten.

jordanischen Männern[8] , den Zutritt zu verweigern. Junge Männer in Amman werden oft für ihre Sorgen um die Sicherheit und den Komfort, insbesondere den von Frauen, verantwortlich gemacht und sind oft von solchen geschlossenen Konsumräumen wie Einkaufszentren ausgeschlossen.

---

8 Dem Autor selbst wurde bei einem Besuch vor Ort im Jahr 2015 einmal der Zutritt zum Boulevard verweigert.

Abbildung 14: Luxuriöse Gewerbeflächen am Boulevard im AURP (Autor, 2015).

Abbildung 15: Außergewöhnliche Sicherheit an den Eingängen und Plätzen des Boulevards im AURP (Autor, 2015).

5.3.3 Bild und Diskurs

Die Projektentwickler haben besondere Anstrengungen unternommen, um das Projekt zu bewerben. Mit dem Slogan "New Downtown of Amman" sollte die Bedeutung des Projekts und seine zentrale Lage hervorgehoben werden, in der Hoffnung, mehr Interesse und Aufmerksamkeit zu wecken. Doch der Slogan erhielt mehr Aufmerksamkeit als erwartet. Viele Stimmen in der Öffentlichkeit sprachen sich gegen die Idee eines neuen Stadtzentrums aus und bekräftigten das ursprüngliche. Später begannen die Anzeigen und Rundschreiben des AURP, das Gebiet als zentrales Geschäftsviertel zu bezeichnen.

In Amman wurde für das Projekt in vielerlei Form geworben, von riesigen Plakatwänden[9] bis hin zu Zeitungsartikeln. In der Werbung wurden die in der Siedlung vorhandenen Einrichtungen als spektakuläre High-End-Anforderungen zur Erreichung eines verdinglichten hohen sozialen Status dargestellt, ein Status, der auch in der Betrachtung der Bewohner hervorgehoben und verankert wurde. Die Rhetorik der Werbung versprach einen exklusiven, luxuriösen Lebensstil in einer kontrollierten Umgebung im Herzen der Stadt. Slogans wie "Ein Geschäft, das zu Ihnen passt", "Erlebnisse, die Sie sich wünschen" und "Ein Lebensstil, den Sie anstreben" dominierten die Schlagzeilen der AURP-Werbung (AID, 2010). Die Absicht ist ziemlich klar und offensichtlich, wie der CEO des Abdali Boulevard im AID-Newsletter (2011) erklärt: "Der Boulevard wird nicht nur einen oder zwei Aspekte des Lebens der Ammani verändern. Er wird den gesamten Lebensstil verändern, sei es in den Bereichen Geschäft, Unterhaltung, Einkaufen, Gesundheit oder Gastronomie, um ein Zentrum zu werden, zu dem Jordanier und Touristen hingezogen werden." Der Diskurs des Projekts zielt darauf ab, die Ammanis zum Konsum und zu einer "Gesellschaft des Spektakels" zu bewegen, indem der Lebensstil einer Minderheit in Jordanien gefördert wird, ein Lebensstil, der für AID von Interesse ist, da er mehr Profit abwerfen kann.

Darüber hinaus legte AID großen Wert auf das moderne Image des Projekts, da man davon ausgeht, dass es die Wettbewerbsfähigkeit und Attraktivität der Entwicklung in vielerlei Hinsicht stärkt. Das Image wurde von anderen modernen Stadtzentren in verschiedenen Weltstädten inspiriert, in denen monumentale Gebäude durch die vorherrschenden Oberflächenmaterialien und hochmoderne tektonische Qualitäten glänzen, zusätzlich zu ihrem Ruf und ihrer Verbindung mit bekannten Architekten.

Um dieses Image zu erreichen, beauftragten die Bauherren Laceco mit dem Entwurf des

---

9 An der Fassade eines Gebäudes in der Al-Madina-Straße im Westen Ammans wurde sogar "das größte Außenschild in der Levante" angebracht, das "die Größe und Erhabenheit des Projekts verdeutlichen sollte" (AID, 2010).

Masterplans für das Bauvorhaben. Laceco ist ein international tätiges Architektur- und Beratungsbüro mit Sitz in Beirut, Libanon. Zuvor war das Unternehmen bereits an der Planung eines der größten Bauprojekte in Beirut, dem Beirut Central District, beteiligt. Ziel des Projekts war der Wiederaufbau und die Entwicklung eines im libanesischen Bürgerkrieg zerstörten Gebiets im Stadtzentrum. Die beiden Projekte wurden von denselben Planern und sogar demselben Hauptinvestor (Rafic Hariri) entwickelt.

Abbildung 16: Die vorherrschende Rhetorik in den Räumen innerhalb und in der Umgebung der Siedlung (Autor, 2015).

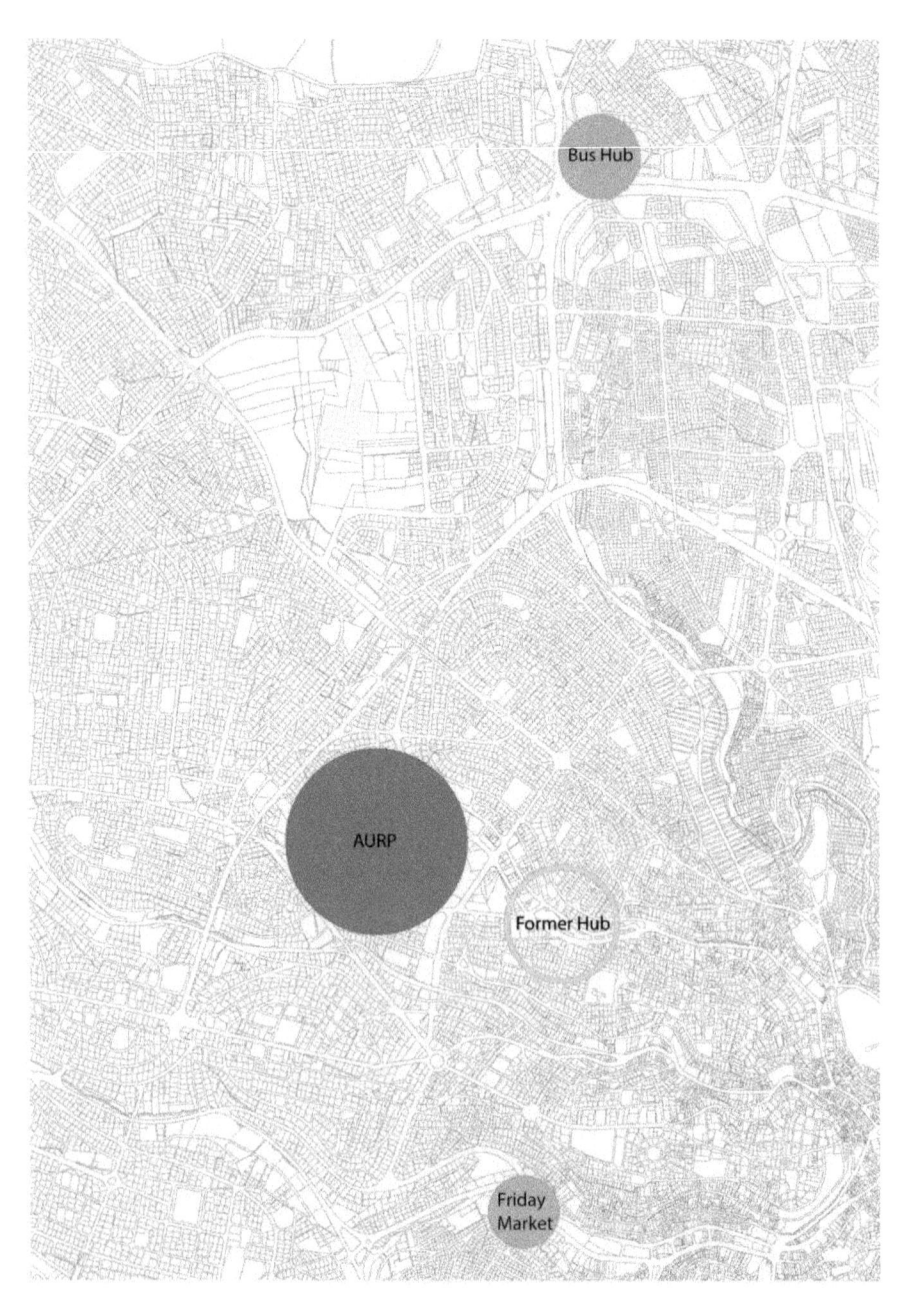

ein ähnliches Image und einen ähnlichen Stil haben, der die jeweiligen Städte angeblich auf den Weltmarkt bringen soll. Im Zuge der Globalisierung und der neoliberalen Planung beginnen die Städte, sich zu ähneln und ihre ursprünglichen Identitäten zu verlieren.

54

Laceco hat in seinen Entwürfen für AURP sieben Wolkenkratzer und andere Hochhäuser vorgestellt. Hochhäuser sind in der ganzen Welt zu einem wesentlichen Zeichen der Modernität geworden, vor allem weil sie mit den entwickelten Ländern assoziiert werden. Trotz der ursprünglichen Vorschriften und Bedingungen für die Entwicklung von Hochhäusern in Amman gelang es den Entwicklern leicht, die GAM dahingehend zu beeinflussen, dass sie hohe Gebäude auf dem Gelände zuließ, um ihre Pläne zu verfolgen (Rajjal, persönliche Mitteilung, 2015; Musa, 2013). Im Rahmen des AURP wurden niedrige Gebäude durch Hochhäuser verdrängt, wodurch sich der Charakter und das Bild des Viertels veränderten.

In einem größeren Rahmen hat das Projekt auch das Image der Region beeinflusst. Das AURP hat den Staat dazu ermutigt, die erweiterte "Mietlücke" in seinem Viertel zu schließen. Auf diese Weise werden Sanierungsprozesse durch die "Disziplinierung" unerwünschter Bevölkerungsgruppen gefördert, so dass das Image der Stadt, das im Wettbewerb um Investitionen von entscheidender Bedeutung ist, "nicht durch die sichtbare Präsenz eben dieser marginalisierten Gruppen beeinträchtigt wird" (MacLeod, 2002: 602). Al-Abdali umfasst eine Reihe von "Taschenbereichen potenzieller Gentrifizierung" (Marcuse, 1985: 204), die für die Entwicklung besonders geeignet sind, wie z. B. das angrenzende Gebiet des ehemaligen Abdali-Verkehrsknotens, in dem auch der Freitagsmarkt stattfand.

Die Verlegung des Busbahnhofs im Jahr 2007, der weniger als einen Kilometer vom Entwicklungsgebiet entfernt lag, hatte große Auswirkungen auf die Region. Bevor das Gebiet als "New Downtown" ausgewiesen wurde, war Al-Abdali der wichtigste Knotenpunkt des öffentlichen Nahverkehrs[10] im Norden. Dieser Verkehrsknotenpunkt wurde nach Tabarbour am nördlichen Stadtrand verlegt, wie es in den Plänen zur Wiederbelebung des Gebiets heißt. Es wurden Vorschläge unterbreitet, aber keiner wurde umgesetzt (Rajjal, persönliche Mitteilung, 2015). Dennoch hatte die Verlagerung große Auswirkungen auf die Pendler[11] und die vom Al-Abdali-Busterminal abhängigen Dienste. In der Umgebung des Busbahnhofs gab es viele Garagen und unprofessionelle Autowerkstätten, die durch die Verlagerung ihr Geschäft verloren.

Der Freitagsmarkt[12] nutzte diese Verlagerung und die fehlende Regeneration, indem er im Laufe der

---

10 Die öffentlichen Verkehrsmittel in Jordanien beschränken sich auf Autos, darunter Busse, Taxis und Sammeltaxis.
11 In Amman ist der Besitz eines Autos üblich und erwünscht. Pendler, die auf öffentliche Verkehrsmittel angewiesen sind, haben einen niedrigen sozialen Status und können sich die Kosten für ein Auto nicht leisten. Die befragten Vertriebenen waren häufige Nutzer des Busbahnhofs, aber nicht vollständig davon abhängig und gehörten daher nicht zu dieser sozialen Gruppe (persönliche Mitteilung, 2015).
12 Der Freitagsmarkt ist ein wöchentlicher Markt im Freien, der an den Wochenenden stattfindet und lange Zeit ein wichtiger Bestandteil von Al-Abdali war.
Abbildung 17: Die neuen Standorte des Busbahnhofs und des Freitagsmarkts im Verhältnis zum AURP (Autor, 2015).

Jahre auf rund 1300 Kioske erweiterte. Ende 2014 fand die lange erwartete Verlagerung des Al-Abdali-Marktes statt. Der Prozess verlief nicht reibungslos, da sich die Verkäufer und Nutzer dagegen wehrten, da Tausende von Familien auf diesen wichtigen Markt angewiesen sind (Mohammad, persönliche Mitteilung, 2015). Einige Verkäufer weigerten sich einfach, den Räumungsbefehl zu befolgen, und setzten den Betrieb ihrer Kioske noch wochenlang nach dem vorgesehenen letzten Tag des Marktes fort. Schließlich wurde die Räumung von der Polizei erzwungen, die die Demonstranten auseinander trieb und das Gelände übernahm (ebd.).

Der Markt wurde ohne klare Begründung (ebd.) auf das Gelände der ehemaligen Zigarrenfabrik in Ras El-Ain verlegt, das ebenfalls in der Innenstadt liegt, aber weiter vom AURP entfernt ist. Auf dem neuen, begrenzten Gelände konnten nicht alle ehemaligen Verkäufer untergebracht werden, da es nur 400 Kioskplätze bietet. Außerdem wurden die Flächen im Gegensatz zum informellen Fall in Al-Abdali vermietet. Fast alle Geschäfte wurden an dem neuen Standort degradiert. Die Einführung von Mieten führte zu einem Anstieg der Warenpreise, was wiederum das Hauptmerkmal des Marktes, nämlich reduzierte Preise, untergrub. Der neue Standort wurde von vielen auch als unangemessen und entmutigend empfunden, da es an Parkplätzen und Fußgängerwegen fehlt (Mohammad, persönliche Mitteilung, 2015).

Zusammenfassend lässt sich sagen, dass das Viertel von den "undarstellbaren" Gruppen und ihren Zentren gesäubert wurde. Der Busbahnhof und der Freitagsmarkt wurden nach jahrzehntelangem Betrieb in Al-Abdali einfach verlagert. Durch die Verlegung wurden die bereits vorhandenen Einrichtungen und Nutzer aus dem Umfeld des AURP ausgeschlossen. Dabei wurde wenig Rücksicht auf die betroffenen Gruppen genommen. Es hat den Anschein, als sei der Staat sehr stark mit der "Verschönerung" der Innenstadt und ihres Images beschäftigt, in der Hoffnung, auf Kosten der Anwohner mehr Investitionsmöglichkeiten zu schaffen.

Abbildung 18: Das Gelände des ehemaligen Busbahnhofs an einem Freitag, der wegen des Marktes der belebteste Tag war.

Das untere Bild zeigt die Schließung einiger angrenzender Garagenläden infolge eines Rückgangs der Aktivität (Autor, 2015).

Abbildung 19, oben: Der ehemalige Standort des Freitagsmarktes (Jordan Times, 2014).

Mitte: Der relativ inaktive neue Freitagsmarkt (Autor, 2015).

unten: Ein gefühlsbetontes Graffiti am neuen Standort des Marktes. Eine Antwort auf den "Verschönerungs"-Vorwand der Zwangsumsiedlung, übersetzt mit "Unsere Märkte... Sind sauber durch seine Menschen" (Autor, 2015).

Kapitel 6: Schlussfolgerung

6.1 Schöpferische Zerstörung

Das AURP hatte enorme Auswirkungen auf Amman und leitete einen Prozess der urbanen Umstrukturierung der Stadt ein. In Anbetracht der historischen Lage, der zentralen Lage und der Größe hatte das Projekt ein großes Potenzial, den Kontext und die Gemeinschaft zu durchdringen. Trotz zahlreicher offizieller Äußerungen wie "Unser Erfolg wird von den Beziehungen zu unseren Partnern und der Gemeinschaft abhängen, deshalb haben wir bei jedem Aspekt des Entwurfs an die besten Möglichkeiten gedacht, den sozialen Aspekt zu berücksichtigen, Deshalb haben wir bei jedem Aspekt der Planung an die besten Möglichkeiten gedacht, die Bedürfnisse von Amman zu erfüllen und gleichzeitig die sozialen und ökologischen Aspekte der Stadtentwicklung zu berücksichtigen", so der Vorsitzende des Unternehmens (Barbir, 2012), und "Abdali Psc hat es sich zur Priorität gemacht, einen Beitrag zu den Bedürfnissen von Amman zu leisten und die sozialen und ökologischen Aspekte der Stadtentwicklung zu berücksichtigen", wie es im Newsletter des Projekts heißt (AID, 2008). Das Unternehmen hat zwar ein Sozialprogramm mit dem Namen "Ru'yatuk" (Mawared, 2010c; AID, 2008) ins Leben gerufen, aber seine Aktivitäten richten sich hauptsächlich an externe Zielgruppen. Ein Beispiel ist das "Najah"-Programm, das sich auf die unterprivilegierten Jugendgruppen in Al-Jiza konzentriert, einem Bezirk, der mehr als 30 km südlich des Stadtzentrums liegt (ebd.).

Die Entwickler des AURP haben die Meinung der bereits vorhandenen Bürger in und um den Standort nicht berücksichtigt, wie das Gebiet entwickelt werden sollte oder wie sich das Projekt auf sie auswirken wird. Die Pläne wurden sogar fertiggestellt, bevor das Privatgrundstück auf dem Gelände erworben wurde. Mit der Erschließung wurden hochwertige Einrichtungen und Dienstleistungen eingeführt, die nicht den Bedürfnissen, Möglichkeiten oder dem Lebensstil der Einheimischen entsprachen. Sie wurden vielmehr aus weiter entwickelten Ländern mit hohem Konsumverhalten importiert.

Harvey argumentiert, dass die Urbanisierung "eine entscheidende Rolle bei der Absorption von Kapitalüberschüssen gespielt hat, und zwar in immer größeren geografischen Dimensionen, jedoch um den Preis zunehmender Prozesse der schöpferischen Zerstörung, die die Enteignung der städtischen Massen von jeglichem Recht auf die Stadt zur Folge haben" (2012: 22). Diese Prozesse werden typischerweise mit der sozialen Klasse in Verbindung gebracht, da vor allem "die Armen, die Unterprivilegierten und die von der politischen Macht Ausgegrenzten" betroffen sind (Harvey, 2012:16). In Al-Abdali betraf die kreative Zerstörung bedeutende Militär- und

Sicherheitseinrichtungen, Bildungseinrichtungen, kommerzielle Einrichtungen, Wohngebäude[13] und sogar eine große Anzahl alter Bäume. Im Gegensatz zu den unpersönlichen Auswirkungen von "Markttrends" (Marcuse, 1985) wurden die Komponenten durch Gewalt, durch tatsächliche Gewalt, verdrängt. Auch der umliegende Busbahnhof und der Freitagsmarkt wurden Opfer des Prozesses. Unabhängig von den wahren Absichten, die hinter den Verlagerungen stehen, scheint es einen klaren Plan zu geben, die Nachbarschaft der Siedlung durch die Verdrängung von "undisziplinierten" Gruppen zu "verschönern".

"New Downtown for Amman", der ursprüngliche Slogan des Projekts, beschreibt sehr gut das Risiko und die Auswirkungen, die es auf die Struktur der Stadt haben wird. Da das ursprüngliche Stadtzentrum weniger als zwei Kilometer entfernt ist, wird das neue Projekt mit seiner glamourösen Rhetorik und glänzenden Architektur konkurrieren und möglicherweise mehr Nutzer anziehen. Wenn man die vorgeschlagenen Funktionen in Betracht zieht, einen Informationstechnologiepark, ein medizinisches Tourismuszentrum, Hochschuleinrichtungen und hochwertigen kommerziellen Wohnraum, wird die Entwicklung mit Sicherheit die Nutzer des alten Stadtzentrums an den Rand drängen, die es sich nicht leisten können, von diesen Dienstleistungen zu profitieren, und die bald feststellen werden, dass sie nicht dazugehören.

6.2 Gentrifizierung in Amman

Die Fallstudie von AURP, dem größten Immobilienprojekt in Amman, hat gezeigt, dass die treibenden Kräfte, Prozesse und Auswirkungen des städtischen Wandels in der Stadt denen sehr ähnlich sind, die in den globalen Theorien über die gebaute Umwelt vorherrschen. Die Gentrifizierung ist ein Nebenprodukt der hochklassigen Urbanisierung im hoch verdichteten Amman. Dieser Prozess scheint eine Umkehrung des älteren Siedlungstrends zu bewirken, bei dem die Oberschicht weit entfernt von den zentralen Orten der Stadt wohnte. Während diese Klasse nun die Innenstadt "zurückerobert", werden die Armen durch Regulierungs- und Marktkräfte aus diesem Gebiet verdrängt. Die Gentrifizierung führte zur Verdrängung und zum Ausschluss der ursprünglichen Unter- und Mittelschichten sowie ihrer Zentren und Dienstleistungen.

Bei der Gentrifizierung in Al-Abdali handelt es sich jedoch nicht nur um eine "räumliche Umschichtung" der bestehenden Bevölkerung innerhalb der Stadt (Marcuse, 1985), sondern vielmehr um einen Zustrom zusätzlicher wohlhabender Gruppen aus der Region, da sich die Mehrheit der lokalen Bevölkerung die im AURP angebotenen Einrichtungen und Dienstleistungen

---

13 Es ist wichtig zu erwähnen, dass keiner der befragten Vertriebenen das AURP seit seiner Umsiedlung, d. h. seit etwa zehn Jahren, mehr als einmal besucht hat (persönliche Mitteilung, 2015).

nicht leisten kann. Die anhaltende Instabilität in vielen Ländern des Nahen Ostens und die Verfügbarkeit von hochwertigen Räumlichkeiten in Al-Abdali haben die Innenstadt von Amman als sicheren Hafen für wohlhabende Einwohner und Unternehmen aus der gesamten Region hervorgehoben. Es ist davon auszugehen, dass die meisten Flächen im AURP von wohlhabenden Geschäftsleuten belegt werden, von denen viele aus den Golfstaaten stammen, wie aus einem Gespräch mit einem DAMAC-Beamten hervorgeht. Während die Gentrifizierung normalerweise den Zuzug von Gruppen der Mittelschicht in das gentrifizierte Gebiet beschreibt, handelt es sich im Fall von Al-Abdali um eine viel höhere soziale Schicht. Diese "Supergentrifizierer" genießen einen sehr luxuriösen Lebensstil und ein himmelhohes Konsumverhalten, das es ihnen ermöglicht, mehrere regionale Häuser zu besitzen. Das Ergebnis in Al-Abdali wird sein, dass die Wohnungen die meiste Zeit des Jahres leer stehen, wie es in Beirut[14] und vielen anderen Städten weltweit der Fall ist. Dementsprechend werden die Gentrifizierer in Al-Abdali nicht die gleichen Auswirkungen auf die lokale Struktur haben wie in den häufigeren Fällen von Gentrifizierung.

In Amman sind die Mechanismen der Stadtentwicklung der Elite und den wirtschaftlich Privilegierten unterworfen. Doch anders als in fortgeschrittenen kapitalistischen Volkswirtschaften sind die Entwickler nicht völlig von der Regierung getrennt. Das AURP wurde, wie die meisten Gentrifizierungsprojekte mit ähnlichem neoliberalen Hintergrund, vom globalen Kapital vorangetrieben und von der Regierung unterstützt, aber auch vom Staat mitgetragen. Es wurde eine staatliche Investitionsgesellschaft (Mawared) gegründet, die nicht nur die Entwicklung der städtischen Militärareale in den jordanischen Städten beaufsichtigen, sondern auch als Partner für die Entwickler in Form von PPP fungieren sollte. Der Direktor von Mawared ist der einzige Vertreter der Regierung in Abdali Psc. (Rajjal, persönliche Mitteilung, 2015). Wie kann also ein vom Profit überwältigter Akteur die Forderungen der armen Bevölkerung vertreten und erfüllen? Andererseits: Warum sollte sich ein internationaler privater Investor individuell um die lokale Gemeinschaft kümmern?

6.3 Spekulative Immobilien

Harvey argumentiert, dass die Kapitalabsorption "eine Menge verrückter Urbanisierungsprojekte eingeführt hat, die nichts mit den wirklichen Bedürfnissen der Masse der Bevölkerung zu tun haben", sie werden einfach entwickelt und dann spekuliert (2011: 36). Irgendwann sind die Schulden fällig und dann muss jemand zahlen (ebd.). In Al-Abdali steht die Ausgabe von

---

14 Weitere Informationen zur Gentrifizierung in Beirut finden Sie in "Capital, state and conflict: the various drivers of diverse gentrification processes in Beirut, Lebanon" von Marieke Krijnen und Christiaan De Beukelaer in "Global Gentrifications, Uneven development and displacement" (Lees et al., 2015).

Eintrittskarten für den vermeintlich öffentlichen Raum des Boulevards für dieses Argument.

Sind die in Al-Abdali vorgeschlagenen Funktionen und Dienstleistungen also das Ergebnis einer gründlichen Analyse? Laut Rajjal beauftragte AID ein professionelles Unternehmen mit der Durchführung einer Marktstudie, die jedoch der lokalen Gemeinschaft nicht viel Aufmerksamkeit schenkte (persönliche Mitteilung, 2015). Das Unternehmen rechtfertigt seinen Masterplan mit allgemeinen statistischen Zahlen:

Das Statistikamt schätzt die Bevölkerung derzeit auf 5,67 Millionen, mit einem prognostizierten Wachstum von 2,26 %. Die jordanische Bevölkerung ist auch relativ jung, mit einem Durchschnittsalter von 20,1 Jahren im Jahr 2005; dies bedeutet ein großes Potenzial für die Zukunft des Immobiliensektors, da die junge Bevölkerung altert und heiratet und ein eigenes Haus benötigt. Die Zahl der Touristen, die das Königreich besuchen, ist ebenfalls stetig gestiegen, 2004 um 21,5 %, 2005 um 4,1 % und 2006 um 13 %. Im Jahr 2006 belief sich die Gesamtzahl der Besucher auf 6,57 Millionen (davon waren 3,35 Millionen Tagesbesucher und 3,23 Millionen Übernachtungsgäste). Diese hohen Besucherzahlen führten zu einem erheblichen Mangel an Hotelunterkünften im gesamten Königreich. (AID, 2008)

Es ist unrealistisch, ein solch massives Bauvorhaben im Herzen der Hauptstadt mit Statistiken über die Demografie und den Tourismus des Landes zu rechtfertigen. Erstens beziehen sich die steigenden Zahlen zum Tourismus in Jordanien nicht unbedingt auf Amman. Jordanien beherbergt Petra, Wadi Rum, das Tote Meer und andere einzigartige Orte, die unabhängig von der Hauptstadt sind. Die Entwickler hoffen, dass das glänzende "New Downtown" Al-Abdali auf die touristische Landkarte Jordaniens setzen wird. Aber warum sollte man sich eine Entwicklung ansehen, die es in fast jeder anderen Stadt der Welt gibt (Harvey, 2011)? Das ursprüngliche Stadtzentrum hingegen ist aufgrund seiner Geschichte, seiner Ungezwungenheit und seiner traditionellen Architektur eine der Hauptattraktionen von Amman.

Zweitens scheinen die Planer davon ausgegangen zu sein, dass ein Anstieg des Angebots die ständig wachsende Nachfrage nach Wohnraum in Jordanien decken wird. Wenn man jedoch die wachsende Bevölkerung berücksichtigt, ohne die sozioökonomische Struktur des Landes und vor allem der Stadt zu analysieren, wird die Entwicklung mit Sicherheit benachteiligt. Wie Kapitel 5.3.2 zeigt, erlaubt es die wirtschaftliche Situation der Mehrheit der Jordanier nicht, von solchen überteuerten Einrichtungen und Dienstleistungen zu profitieren. Durch den Projektdiskurs und die Rhetorik von wollen die Entwickler die Mittelschicht, die für Kredite zugelassen ist, ermutigen, in das Projekt zu investieren. Sie verlassen sich jedoch eher auf die saisonale Nachfrage von wohlhabenden

Auswanderern und Touristen aus den Golfstaaten, "die der Hitze in ihren eigenen Ländern entkommen wollen" (AID, 2008). Dreiundvierzig Prozent der bebauten Gesamtfläche des Projekts von zwei Millionen Quadratmetern sind für Wohnflächen vorgesehen (Abdali, 2012a). Es stellt sich also die Frage, ob diese verlässliche Nachfrage das enorme Angebot decken kann.

6.4 Das neue Image von Amman

Al-Abdali war einer der wichtigsten Stadtteile für die Niedriglohnbevölkerung der Stadt. Die Nutzer haben Bedeutungen und Beziehungen zu den Gebäuden, Gassen, Straßen und Bürgersteigen entwickelt, da sie in diesen Räumen leben und interagieren. Für viele von ihnen sind diese "Räume der Heterotopie" die einzige Möglichkeit, an der Stadt teilzuhaben. Das AURP hat diese Gruppe und ihre informellen Zentren durch eine Generation von "Super-Gentrifizierern" ersetzt, die oberhalb der Stadt leben. Das Gebiet wurde in eine High-End-Konsuminsel verwandelt, in der die Qualitäten der Urbanität zu "Waren" geworden sind (Harvey, 2012).

Das AURP, für das dasselbe Planungsbüro und derselbe Bauträger zuständig sind, wird sich nicht wesentlich vom Central Business District in Beirut oder anderen neoliberalen Stadtzentren unterscheiden. Was die optische Wirkung betrifft, so wird das Projekt die niedrige Skyline von Amman um sieben weitere Wolkenkratzer erweitern. Der Standort befindet sich auf einem relativ hohen Gelände in der Stadt, etwa 900 Meter über dem Meeresspiegel (Abu-Ghazalah, 2007). Dementsprechend werden die geplanten Wolkenkratzer die neuen Wahrzeichen der Stadt sein, die die ursprünglichen Minarette und Kuppeln überragen.

Abdali Psc. legte großen Wert auf ein modernes Image seiner Entwicklung und betonte dabei die Nachhaltigkeit, aber nur die ökologische Nachhaltigkeit. Das Unternehmen förderte die Einhaltung der LEED-Standards und widmete eine ganze Seite seiner Website den grünen Initiativen und der Unterstützung. Eco-Branding wird als Marktstrategie eingesetzt, um

Abbildung 20: Die neuen "Minarette" von Amman (Autor, 2014).

eine wohlhabendere Bevölkerung, die indirekt die Rhetorik vermittelt, dass die Jordanier umweltfreundliche Bürger erster Klasse sind.

Die Imageförderung wurde auch auf das akademische Umfeld ausgedehnt. Im Rahmen seines gesellschaftlichen Engagements unterstützte das Unternehmen das Abschlussprojekt einer Gruppe von Studenten an einer der bekanntesten Architekturuniversitäten in Jordanien. Das Projekt umfasste den Entwurf von Hochhäusern, die den Spezifikationen und Anforderungen des "neuen Stadtzentrums" entsprechen (AID, 2007). Solche Initiativen können einen großen Einfluss auf die neue Generation von Architekten haben und eine langfristige Wirkung auf die Stadt haben.

Der "Erfolg" des AURP wird weitere Entwicklungen derselben Art auslösen und den Charakter und die Identität von Amman allmählich verändern. Eine Stadt, die einst für ihre Berge, ihr menschliches Maß und ihre volkstümliche Architektur bekannt war, wird, wenn dieser Trend anhält, für ihre Türme und Geschäftsviertel bekannt sein.

6.5 Bessere Zukunftsplanung

In dieser These wird ein besserer und sensiblerer Ansatz für die Planung gefordert. Ein Ansatz, der die Vorteile des globalen Kapitals und der Investitionen versteht, aber auch die Bedürfnisse und Anforderungen des lokalen Kontextes berücksichtigt, ohne zwischen sozialen Gruppen zu unterscheiden, die Stadt als ein grundlegendes "Recht" und nicht als eine wirtschaftliche "Ware" anerkennt.

Der Druck der Gentrifizierung auf die zentralen Stadtteile wird zunehmen. Während die Gentrifizierung der Stadt eine Reihe von Vorteilen bringen kann, wie z. B. die Verbesserung der physischen Qualität des Wohnraums und die Anziehung von Bewohnern mit höherem Einkommen, führt sie auch zur Verdrängung und Störung der ursprünglichen Bewohner (Marcuse, 1985). Leider ist es nicht einfach eine Frage der Abwägung der Vor- und Nachteile, da der Prozess verschiedene Zielgruppen betrifft. Wenn sich dieser Trend fortsetzt, wird das Angebot an erschwinglichen Wohnungen in der Stadt reduziert und die Bewohner mit niedrigem Einkommen werden auf Dauer an den Rand der ständig wachsenden Stadt verdrängt. Die Lösung sollte eine anwendbare sein, die die Gentrifizierung nicht ablehnt, sondern das Problem der Verdrängung entschärft. Daher "kann die Frage zumindest zu einer Diskussion über das 'Wie' und nicht über das 'Ob' der Vermeidung von Verdrängung weiterentwickelt werden" (Marcuse, 1985).

"Die allgemeine Politik, die in den Städten des Nahen Ostens verfolgt wird, ist die Erstellung von Masterplänen, um die bestehende Flächennutzung für neue Wachstumsziele zu ändern. Viele dieser Pläne wurden ohne ein angemessenes Verständnis der Anforderungen der Stadt erstellt, in der es zu einer Vermischung der Flächennutzung gekommen ist, und ohne jegliche Zusammenarbeit zwischen den Planern und den Menschen, für die sie planen" (Abu-Ghazalah, 1990). Leider scheint Amman mehr als ein Jahrzehnt später immer noch unter demselben Problem zu leiden. Die Stadtverwaltung spielt bei diesem Fehler eine wichtige Rolle. Die GAM sollte einen gründlichen Masterplan für die Stadt entwerfen und ihn den Bauherren aufzwingen, anders als im Fall von Al-Abdali, wo sie Flächennutzungspläne und Bauvorschriften nach dem Willen der AID anpasste. Der Plan sollte den Bedürfnissen und Möglichkeiten der Stadt Rechnung tragen, denn Amman hat einen sehr begrenzten Markt[15] , und integrativere Entwicklungen fördern. Darüber hinaus sollte die Stadtverwaltung der lokalen Bevölkerung Vorrang einräumen und nicht die Bauträger bevorzugen, wie es bei der Enteignung von Al-Abdali der Fall war.

Die Gemeinde und der Staat müssen dafür sorgen, dass niemandem sein "Recht auf Stadt" verwehrt wird. Aber dieses "Recht" ist absolut, es hängt davon ab, wer es beanspruchen kann (Harvey, 2012). Jeder kann es für sich beanspruchen ( ) und hat auch allen Grund, dies zu tun. Das Recht auf die

---

[15] Seit dem späten 20. Jahrhundert wurde die Stadt von einer Reihe von Konsumtempeln geplagt. Zahlreiche Einkaufszentren lösten einander in Bezug auf Beliebtheit und wirtschaftliche Vitalität ab. Mit der Eröffnung des Mekka-Einkaufszentrums ging die Aktivität im Abdoun-Einkaufszentrum zurück, das durch das nachfolgende City-Einkaufszentrum beeinträchtigt wurde, das seinerseits durch das neuere Taj-Einkaufszentrum an Bedeutung verlor. Das Abdoun-Einkaufszentrum ist inzwischen geschlossen, und das Al-Baraka-Einkaufszentrum steht kurz vor der Eröffnung des benachbarten Galleria-Einkaufszentrums. AURP wird das Al-Abdali-Einkaufszentrum einführen, das das größte Einkaufszentrum in Amman werden soll. Welche Auswirkungen wird es auf die anderen haben?

Stadt zu beanspruchen bedeutet jedoch nicht nur, für zentrale Standorte in der Stadt und gleiche Dienstleistungen zu kämpfen, sondern "eine Art Gestaltungsmacht über die Prozesse der Urbanisierung zu beanspruchen, über die Art und Weise, wie unsere Städte gemacht und umgestaltet werden, und zwar auf eine grundlegende und radikale Weise" (Harvey, 2012: 5). Es geht also um das Recht, das zu kontrollieren, was "unsere Welt heute umgestaltet" (Saad-Filho und Johnston, 2005), nämlich den Neoliberalismus.

Literaturverzeichnis

Ababsa, M. (2011). Soziale Ungleichheiten und öffentliche Politik in Amman. *Cities, Urban Practices and Nation Building in Jordan. Villes, pratiques urbaines et construction nationale enJordanie.*, 205-232.

Ababsa, M. (2013). Das Ballungsgebiet Amman-Ruseifa-Zarqa: das Herz der nationalen Wirtschaft. *Atlas ofJordan: history, territories andsociety*, 384-397.

Abdali (2012a). *Projektübersicht*. Abdali, http://www.abdali.jo/ (Zugriff 2015).

Abdali (2012b). *Abdali PSC*. Abdali, http://www.abdali.jo/ (Accessed 2015).

Abu-Ghazalah, S. M. (1990). *Reform der Städte im 21. Jahrhundert*. Philadelphia Commercial Services Establishment, Pub. and Distributing Department.

Abu-Ghazalah, S. (2007). Wolkenkratzer als Instrumente der Wirtschaftsreform und Elemente der städtischen Skyline: Der Fall des Abdali-Entwicklungsprojekts in Amman. *METU Journal ofthe Faculty ofArchitecture*, 24(1), 49-70.

AID (2007). *Abdali Newsletter Ausgabe 3*. Abdali, http://www.abdali.jo/index. php?r=media/newsletter (Zugriff 2015).

AID (2008). *Abdali Newsletter Ausgabe 4*. Abdali, http://www.abdali.jo/index. php?r=media/newsletter (Zugriff 2015).

AID (2010). *Abdali Newsletter Ausgabe 10*. Abdali, http://www.abdali.jo/index. php?r=media/newsletter (Zugriff 2015).

AID (2011). *Abdali Newsletter Ausgabe 11*. Abdali, http://www.abdali.jo/index. php?r=media/newsletter (Zugriff 2015).

Al-Bawaba (2006). *DAMAC Properties führt "The Heights" in der atemberaubenden Abdali-Gegend von Amman ein*. Albawaba News, http://www.albawaba.com/news/ damac-properties-introduces-%E2%80%9C-heights%E2%80%9D-stunning-abda- li-area-amman (Accessed 2015).

Alon, Y. (2007). *Making ofJordan: Tribes, Colonialism and the Modern State* (Bd. 61). IBTauris.

Barbir, S. (2012). *Chairman's Message*. Abdali, http://www.abdali.jo/index. php?r=site/page&id=16 (Zugriff 2015).

Barthel, P. A., et al. (2010). *Arabische Megaprojekte*. Alexandrine Press.

Bloomberg (2008). *Bahaa Hariri verlässt Saudi Oger, um sein eigenes Immobilienunternehmen zu leiten*. Bloomberg, http://www.bloomberg.com/apps/news?pid=newsar- chive&sid=a5kYI_zqE0lg (Zugriff 2015).

Butler, T., & Lees, L. (2006). Supergentrifizierung in Barnsbury, London: Globalisierung und gentrifizierende globale Eliten auf der Ebene der Nachbarschaft. *Transactions of the Institute ofBritish Geographers, 31* (4), 467-487.

Daher, R. (2013). Neoliberale urbane Transformationen in der arabischen Stadt: Metanarra- tive, urbane Disparitäten und die Entstehung von konsumistischen Utopien und Geografien der Ungleichheit in Amman. *Environnement urbain/Urban Environment, 7,* 99-115.

Daher, R. (2011). Diskurse des Neoliberalismus und Ungleichheiten in der Stadtlandschaft: Kräne, Krater und eine exklusive Urbanität. *Collections électroniques del'If- po. Livres en ligne des Presses de l'Institutfrançais du Proche-Orient,* 6, 273-295.

Abteilung für Statistik (2013). *Statistisches Jahrbuch 2013.* Abteilung für Statistik, http://dos.gov.jo/dos_home_e/main/yearbook_2013.pdf (Zugriff 2015).

Abteilung für Statistik (2014). *Demografische Statistik 2014 von Al-Abdali.* Abteilung für Statistik (persönlich 2015 abgerufen).

El-Ghul, A. (1999). Städtewachstum und Regionalplanung in der arabischen Welt "Fallstudie Jordanien". *Urbanistca PVS,* Universität La Sapienza.

GAM (2008), *Der Amman-Plan: Metropolitan Growth Report.* Greater Amman Municipality, www.ammancity.gov.jo.

GAM (2009), *The Story of Amman, Amman City 100.* Greater Amman Municipality, http://www.ammancity100.jo/en/content/story-amman/ancient-history (Zugriff 2014).

Ham, A., & Greenway, P. (2003). *Jordanien.* Lonely Planet.

Harvey, D. (2005). *A briefhistoryofneoliberalism.* Oxford University Press.

Harvey, D. in Gesprächen mit Robles-Duran, M. (2011). Die neoliberale Stadt: Investitionen, Entwicklung und Krise. *Urban Asymmetries: Studien und Projekte zur neoliberalen Urbanisierung,* eds. Tahl Kaminer, Miguel Robles-Duran und Heidi Sohn, 34-45.

Harvey, D. (2012). *Rebel cities: from the right to the city to the urban revolution.* Verso Books.

Henry, C. M., & Springborg, R. (2010). *Globalization and the Politics of Development in the Middle East* (Bd. 1). Cambridge University Press.

Jordan Times (2010). *Bericht über staatliches Unternehmen Mawared an Anti-Korruptionsbehörde weitergeleitet.* Jordan Times, http://www.jordantimes.com/news/local/report- state-owned-mawared-forwarded-anti-corruption-agency (Accessed 2015).

Jordan Times (2014). *Syrer machen ein Fünftel der Bevölkerung Ammans aus - offizielle Zahlen.* Jordan Times, http://www.jordantimes.com/news/local/syrians-consti- tute-one-ffth-amman-population-%E2%80%94-official-fgures (Zugriff 2015).

Kaminer, T., Robles-Duran, M. und Sohn, H. (2011). *Einleitung. Urban Asymmetries: Studien und Projekte zur neoliberalen Urbanisierung*, eds. Tahl Kaminer, Miguel Robles-Duran und Heidi Sohn, 10-21.

Lees, L., Shin, H. B., & Lopez-Morales, E. (Eds.). (2015). *Global Gentrifications: Uneven Development and Displacement.* Policy Press.

Lees, L., Slater, T., & Wyly, E. (2008). *Gentrification.* Routledge.

MacLeod, G. (2002). Vom städtischen Unternehmertum zu einer "revanchistischen Stadt"? Zu den räumlichen Ungerechtigkeiten der Renaissance von Glasgow. *Antipode, 34*(3), 602-624.

Makhamreha, Z., & Almanasyeha, N. (2011). Analysis the State and Pattern of Urban Growth and City Planning in Amman Using Satellite Images and GIS. *Euro- peanJournalofSocialSciences, 24*(2), 225-264.

Marcuse, P. (1985). Gentrifzierung, Verlassenheit und Verdrängung: Zusammenhänge, Ursachen und politische Reaktionen in New York City. *Wash. UJ Urb. & Contemp. L., 28*, 195.

Marris, P. (1986). Loss and Change, rev. edn. *Routledge & Kegan Paul, London, 168*, 99-108.

Mawared (2010a). *Über Jordanien.* Mawared, http://www.mawared.jo/ (Zugriff 2015).

Mawared (2010b). *Über uns.* Mawared, http://www.mawared.jo/ (Zugriff 2015).

Mawared (2010c). *Dienende Gemeinschaften.* Mawared, http://www.mawared.jo/ (Zugriff 2015).

MinistryofPlanningand International Cooperation (2014). *Jordan Response Plan 2015 for the Syria Crisis,* http://www.jo.undp.org/content/dam/jordan/docs/ Publications/JRP+Final+Draft+2014.12.17.pdf (Zugriff 2015).

Musa, M. (2013). *Constructing global Amman: petrodollars, identity, and the built environment in the early twenty-first century* (Dissertation, University of Illinois at Urbana-Champaign).

Namrouqa (2012). *Aktivisten verstärken Kampagne zur Rettung von Bäumen und Wahrzeichen vor der Zerstörung durch das Abdaliprojekt*. Jordan Times, http://www.jordantimes.com/news/ local/activists-step-campaign-save-trees-landmark-destruction-abdali-project (Accessed 2015).

Norwegisches Forschungsinstitut Fafo, Abteilung für Statistik, & Bevölkerungsfonds der Vereinten Nationen (UNFPA). (2007). *Iraker in Jordanien: Ihre Anzahl und Merkmale*.

Parker, C. (2009). Tunnel-Umgehungsstraßen und Minarette des Kapitalismus: Amman als neoliberale Assemblage. *PoliticalGeography, 28*(2), 110-120.

Peck, J., & Tickell, A. (2002). Neoliberalisierung des Raums. *Antipode, 34*(3), 380-404.

Porter, L., & Shaw, K. (2013). *Whose Urban Renaissance?: Ein internationaler Vergleich von Stadterneuerungsstrategien*. Routledge.

Potter, R. B., Darmame, K., Barham, N., & Nortcliff, S. (2009). "Das immer größer werdende Amman", Jordanien: Stadterweiterung, soziale Polarisierung und zeitgenössische Fragen der Stadtplanung. *Habitatinternational*, 33(1), 81-92.

Ryan, A. (1993). Liberalismus. *Ein Handbuch zur zeitgenössischen politischen Philosophie*, 291-311.

Saad Filho, A., & Johnston, D. (2005). *Neoliberalismus: A critical reader*. Pluto Press.

Schlumberger, O. (2002). Die Wirtschaft Jordaniens in den 1990er Jahren: Transition to Development. *Jordanien im Umbruch, London: C. Hurst & Co*, 225-253.

Schami, S. (1996). Die Tscherkessen von Amman: historische Narrative, städtisches Wohnen und die Konstruktion von Identität. *Amman: Die Stadt und ihre Gesellschaft. Beirut: CERMOC*.

Smith, N. (2002). Neuer Globalismus, neuer Urbanismus: Gentrifizierung als globale städtische Strategie. *Antipode, 34*(3), 427-450.

Sommer, D. (2006). Die Neoliberalisierung des städtischen Raums. Transnationale Investitionsnetzwerke und die Zirkulation von Stadtbildern: Beirut und Amman. *Villes et Territoires du Moyen-Orient, 2*.

Der Boulevard (2015). *Geschichte*. Boulevard, http://www.abdali-boulevard.jo/site/ history (Accessed 2015).

Die Abdali-Broschüre (2015). *Abdali-Broschüre*. Abdali, http://www.abdali.jo/ index.php?r=site/page&id=26 (Zugriff 2015).

Thorsen, D. E., & Lie, A. (2006). Was ist Neoliberalismus. *Oslo, Universität Oslo, Abteilung für Politikwissenschaft, Manuskript*, 1-21.

Vereinte Nationen - Wirtschafts- und Sozialkommission für Westasien. (2005). *Urbanization and the changing character of the Arab city (Bericht Nr. E/ESCWA/ SDD/2005/1).* NewYork: United Nations.

Van Weesep, J. (1994). Gentrifizierung als Grenzbereich der Forschung. *Fortschritte in der Humangeographie, 18*(1), 74-83.

Anhang

Tabelle 1: Durchschnittliche Monatslöhne für Beschäftigte des öffentlichen und privaten Sektors in Jordanien, sortiert nach Berufen

Hauptberufsgruppen	Prozentsatz der Arbeitnehmer	Monatlicher Durchschnittslohn (JOD)
Gesetzgeber, leitende Beamte und Manager	4.35	1,282
Fachleute	28.83	563
Techniker und assoziierte Fachkräfte	9.58	453
Büroangestellte	8.73	404
Handwerksberufe und verwandte Berufe	11.72	320
Anlagen- und Maschinenbediener und Monteure	11.42	292
Service- und Vertriebsmitarbeiter	13.11	276
Elementare Berufe	12,26	272

Referenzmonat: Oktober 2012. Angepasst aus *Statistisches Jahrbuch 2013*, Tabelle 4.3, S. 42. Abteilung für Statistik, http://dos.gov.jo/dos_home_e/main/yearbook_2013.pdf (Zugriff 2015).

Tabelle 2: Preise der verfügbaren Wohnimmobilien in einem der DAMAC-Gebäude im AURP

Etage Nr.	Typ	Fläche (m²)	Preis (JOD)
32	Duplex-Penthouse	660.49	1877200
29	Duplex	417.6	1055000
28	3 BR	330.37	834700
6	3 BR	312	663500
23	3 BR	272.05	658700
5	3 BR	312	656900
28	1 BR	250.93	634000
2	2 BR	190.03	400100
1	2 BR	169.84	357600
3	1 BR	95.82	201800
3	1 BR	91.86	193400

Basierend auf einer Kommunikation mit einem DAMAC-Mitarbeiter. "Alle Preise in dieser Mitteilung sind nur für heute gültig und können ohne vorherige Ankündigung geändert werden" (Oktober 2015).

Tabelle 3: Immobilienpreis-Durchschnittswerte für Amman, 2007

Area Number	Area	Rent (JD per m2)									Price (JD per m2)	
		Residential (100 m2)	Residential (120-150 m2)	Residential (170 m2)	Commercial (50 m2)	Commercial (70-100 m2)	Commercial (150 m2)	Offices (50 m2)	Offices (70-90 m2)	Offices (120 m2)	Residential	Commercial
1	Al-Madinah	0.92	0.80	0.74	3.18	2.16	1.35	1.85	1.40	1.06	35.00	66.88
2	Basman	1.06	0.97	0.77	5.01	3.71	1.94	2.80	2.16	1.48	50.71	96.43
3	Al-Nasser	1.35	1.32	0.99	3.04	2.24	1.25	2.48	2.26	1.32	67.00	95.00
4	Al-Yarmouk	0.98	0.89	0.81	2.23	1.61	0.98	2.00	1.63	1.10	35.00	60.00
5	Al-Qweismeh, Abu Alanda, Al-Juwaideh, Al-Raqeem	1.18	1.12	0.89	2.93	2.31	1.20	2.13	1.69	1.12	60.83	76.50
6	Ras Al-A'in	1.28	1.14	0.88	3.00	2.24	1.23	1.97	1.56	1.21	88.33	167.50
7	Bader	1.36	1.29	0.94	3.48	2.64	1.35	2.58	2.03	1.18	110.00	149.00
8	Umm Gseir, Muqabelein, Al-Bnayyat	1.00	0.91	0.75	2.58	2.08	1.07	1.95	1.54	1.06	71.25	100.83
9	Zahran	2.14	1.88	1.55	5.84	4.50	2.39	5.24	4.09	2.57	212.00	530.00
10	Al-Abdali	1.90	1.65	1.39	6.50	4.56	2.50	4.88	3.56	2.41	272.50	507.50
11	Marka	0.98	0.88	0.79	3.25	2.63	1.33	2.50	2.00	1.33	46.25	83.33
12	Tareq	1.45	1.24	1.10	3.63	2.46	1.49	2.65	2.08	1.42	116.25	265.00
13	Al-Jubeha	2.34	1.98	1.58	4.04	3.06	1.69	3.86	2.85	1.88	242.14	735.00
14	Tla' Al-Ali, Umm Al-Summaq, Khalda	2.49	2.14	1.68	6.80	4.81	2.52	5.91	4.50	2.78	374.00	977.78
15	Wadi El-Seer	1.85	2.04	1.55	7.34	5.23	2.71	5.49	4.21	2.59	286.11	568.75
16	Sweileh	2.08	1.75	1.45	4.87	2.94	1.84	3.52	2.38	1.74	258.33	350.00
17	Abu Nseir	1.50	1.33	1.18	5.40	3.53	1.97	3.80	2.63	1.92	180.00	750.00
18	Sahab	0.85	0.74	0.71	3.80	2.35	1.47	1.80	1.25	1.08	90.00	100.00
19	Khreibet Al-Souq	1.20	1.19	0.85	5.20	3.53	1.93	3.70	2.50	1.92	50.00	200.00
20	Na'our and Marj Al-Hamam	1.58	1.33	1.15	4.45	3.12	1.67	5.50	4.00	2.56	187.50	500.00

Quelle: *Al-Balad as a place of heritage: problematising the conceptualisation of heritage in the context of Arab Muslim Middle East*, Tabelle 2-3, S. 40. Eine Dissertation von Janset Shawash (Bartlett Faculty of the Built Environment, Development Planning Unit, University College London).

I want morebooks!

Buy your books fast and straightforward online - at one of world's fastest growing online book stores! Environmentally sound due to Print-on-Demand technologies.

Buy your books online at
www.morebooks.shop

Kaufen Sie Ihre Bücher schnell und unkompliziert online – auf einer der am schnellsten wachsenden Buchhandelsplattformen weltweit! Dank Print-On-Demand umwelt- und ressourcenschonend produziert.

Bücher schneller online kaufen
www.morebooks.shop

info@omniscriptum.com
www.omniscriptum.com

OMNIScriptum

www.ingramcontent.com/pod-product-compliance
Ingram Content Group UK Ltd.
Pitfield, Milton Keynes, MK11 3LW, UK
UKHW041935131224
452403UK00001B/163